DINÂMICA DA ADOLESCÊNCIA

Aspectos biológicos, culturais e psicológicos

DINÂMICA DA ADOLESCÊNCIA

Elaborado pelo Comitê Sôbre Adolescência do Grupo Para o Adiantamento da Psiquiatria (E.U.A.)

Tradução de
Octavio Mendes Cajado

EDITORA CULTRIX
SÃO PAULO

Título do original:

NORMAL ADOLESCENCE:

ITS DYNAMICS AND IMPACT

Publicado nos Estados Unidos da América por Charles
Scribners Sons, de Nova Iorque. Copyright © 1968
Group for the Advancement of Psychiatry

6.ª edição

Este livro é dedicado à memória do Dr. Joseph
J. Michaels, nosso querido colega e membro do
comitê, que trabalhou conosco na elaboração do
livro, mas cuja corte o impediu de vê-lo publicado.

Edição	Ano
7-8-9-10-11-12-13-14	90-91-92-93-94

Direitos exclusivos para a língua portuguesa adquiridos pela

EDITORA CULTRIX LTDA.

Rua Dr. Mário Vicente, 374, 04270 São Paulo, SP, fone **272-1399**

que se reserva a propriedade literária desta tradução

**Impresso nas oficinas
DA EDITORA PENSAMENTO**

ÍNDICE

PREFÁCIO	11
INTRODUÇÃO	19

CAPÍTULO 1

A BIOLOGIA DA ADOLESCÊNCIA — 23

As complexas mudanças de puberdade	23
As respostas dos adolescentes à puberdade	25
Aspectos psicológicos e sociais da puberdade	27

CAPÍTULO 2

FATÔRES CULTURAIS NA ADOLESCÊNCIA — 31

Critérios de estado adulto	32
A cultura como "meio" na adolescência	34
A cultura ocidental como meio ambiente na adolescência	37
Tarefas universais da adolescência	40
Facilitação e inibição cultural na adolescência	41
A adolescência na classe média norte-americana	45
Descontinuidade de papel entre a infância e a idade adulta	52
Mudança social rápida como problema da adolescência	57

CAPÍTULO 3

A PSICOLOGIA DA ADOLESCÊNCIA — 59

O papel da experiência infantil — 60
Pré-adolescência — 65
O início e o fim da adolescência — 69

    O Início — 69
    As Fases — 70
    O Fim — 73

A primeira fase da adolescência — 75

    O Impacto da Puberdade — 75
    A Marcha para a Independência — 77
    O Grupo de Iguais — 81
    A Masturbação — 83
    A Menstruação — 86
    O Nôvo Corpo e a Imagem de si Mesmo — 88
    Ação e Comportamento Impulsivo — 88
    A Capacidade de Pensar — 90
    Relações Entre Meninos e Meninas — 91
    O Fim da Primeira Fase da Adolescência — 93
    Principais Características da Primeira Fase da
    Adolescência — 93

A segunda fase da adolescência — 95

    O Amor do Adolescente e o Papel do Coito — 100
    A Busca da Identidade e o Idealismo — 105
    Identidade e Escolha Ocupacional — 107
    Atingimento das Prerrogativas Adultas — 108
    O Término da Adolescência — 111

CAPÍTULO 4

DINÂMICA DAS RESPOSTAS ADULTAS À ADOLESCÊNCIA — 113

CONCLUSÃO — 119
APÊNDICE A — 123

A endocrinologia da adolescência	123
A seqüência dos fenômenos pubertários	126

O DESENVOLVIMENTO GENITAL NOS HOMENS 127

Desenvolvimento dos caracteres sexuais secundários	128
Mudanças nos Seios	123
Mudança de Voz	128
Pêlos Pubianos	129
Pêlos Axilares e Fáciais	129
Glândulas Sudoríparas e Sebáceas	130
APÊNDICE B	131
Comitês, membros e funcionários do Grupo para o Adiantamento da Psiquiatria	131
BIBLIOGRAFIA	136

EXPOSIÇÃO DE MOTIVOS

O Grupo para o Adiantamento da Psiquiatria (E.U.A.) se constitui, aproximadamente, de 185 psiquiatras, organizados em forma de comitês de trabalho, cujos esforços convergem para o estudo de vários aspectos da Psiquiatria e para a aplicação dêsses conhecimentos aos campos da saúde mental e das relações humanas.

A colaboração com especialistas de outras disciplinas tem sido e é um dos princípios de trabalhó do GAP. Desde a sua formação, em 1946, os seus membros têm trabalhado em estreita conexão com outros especialistas, antropologistas, biologistas, economistas, estatísticos, educadores, advogados, enfermeiras, psicólogos, sociólogos, assistentes sociais e peritos em comunicação de massa, Filosofia e Semântica. O GAP tem em mira um programa continuado de trabalho subordinado às seguintes finalidades:

1. Coligir e apreciar dados importantes no campo da Psiquiatria, da saúde mental e das relações humanas;
2. Reavaliar conceitos antigos e desenvolver e pôr à prova novos conceitos;
3. Aplicar os conhecimentos assim obtidos na promoção da saúde mental e de boas relações humanas.

O GAP é um grupo independente e os seus relatórios representam apenas as conclusões e opiniões acumuladas de seus membros, guiados por seus muitos consultores.

Dinâmica da Adolescência foi formulado pelo Comitê sôbre a adolescência, cujos membros são mencionados no fim do Prefácio. Os membros de todos os outros comitês têm seus nomes citados no Apêndice B.

Não vejo esperança para o futuro do nosso povo se êle depender da frívola mocidade de hoje, pois todos os jovens são, por certo, indizìvelmente frívolos... Quando eu era menino, ensinavam-nos a ser discretos e a respeitar os mais velhos, mas os moços de hoje são excessivamente sabidos e não toleram restrições.

HESÍODO: SÉCULO VIII A.C.

PREFÁCIO

Desde o princípio da história registrada certas referências à juventude dão a entender que os adultos encaram caracterìsticamente os adolescentes com extrema ambivalência. As atitudes vão desde a aprovação e a franca admiração, passando por uma espécie de tolerância divertida e por vêzes ansiosa, até à preocupação, à apreensão, à consternação e mesmo a uma irada condenação. Qualquer dessas atitudes pode ser dirigida a um determinado adolescente ou grupo de adolescentes; tôdas se dirigem, provàvelmente, a qualquer adolescente em diferentes ocasiões, à medida que êle atravessa essa fase do desenvolvimento humano. Na maior parte das vêzes, e isto sem dúvida é hoje verdadeiro, as atitudes expressas de adultos para com adolescentes tendem a ser negativas e a assumir a forma de críticas severas, funestas predições e amplas generalizações, endereçadas a êles não tanto como indivíduos, mas como geração que representa uma ameaça para a ordem social existente. Sem embargo disso, as sucessivas gerações e sociedades adultas conseguem, de uma forma ou de outra, sobreviver à ameaça representada pelos adolescentes.

É interessante notar, outrossim, que a experiência do adulto, que já foi adolescente, com pouco ou nada concorre para ajudá-lo a compreender os atuais adolescentes. E os adolescentes de hoje, que amanhã serão a nova geração adulta, manifestarão as mesmas preocupações acêrca dos adolescentes das quais ainda há pouco eram alvo. Esta parece também ser uma condição inevitável e, portanto, presumìvelmente normal, das relações humanas.

Entretanto, nós, do Comitê sôbre a adolescência, perguntamos se o fato de ser normalmente a adolescência uma época da vida conturbada e carregada de tensões, caracterizada pela contestação e pela rebeldia contra as normas e valores da sociedade, significa que nada se pode fazer para atenuar o conflito entre o adolescente e a sociedade. Em nosso entender, é de vital importância que a adolescência seja vista como um estádio construtivo do desenvolvimento humano, tanto para o adolescente individual quanto para a sociedade. Confiamos em que esta apresentação da psicodinâmica da adolescência normal esclareça a transição da infância para a idade adulta e aumente a compreensão e a harmonia entre as gerações de adolescentes e adultos.

O nosso enfoque do tema da adolescência normal é amplo, pois abarca as três determinantes universais de qualquer fase do desenvolvimento humano individual, a saber, a biologia, a cultura e a psicologia. Por outro lado, por mais amplo que seja, êste livro não será, de maneira alguma, um tratado capaz de esgotar o assunto.

O capítulo relativo à biologia apresenta breve exame das importantíssimas mudanças físicas e fisiológicas da puberdade, pondo em destaque, ao mesmo tempo, o impacto da puberdade sôbre a criança e sôbre o seu desenvolvimento psicológico. O capítulo dedicado aos fatôres culturais procura formular uma apreciação não só das fôrças sócio-culturais que influem no adolescente, mas também da influência exercida pelo adolescente, que se desenvolve, sôbre a família e o próprio grupo subcultural e societário.

Tanto as comparações entre duas ou mais culturas quanto os exemplos de grupos subculturais em nossa sociedade, em número necessàriamente limitado, foram escolhidos para servir às finalidades de ilustração. O capítulo consagrado à psicologia discute o desenvolvimento e o funcionamento emocionais, intelectuais e psicológicos do adolescente à. proporção que êle passa por essa fase de transição entre a infância e a idade adulta.

Certas considerações importantes contribuíram para a orientação e o conteúdo dêste relatório. 1) Em nossa tentativa de compreender e formular a psicodinâmica da adolescência normal empregamos os conceitos e percepções da psicologia psicanalítica, validadas pelas nossas observações e experiências, clínicas ou não. Para nós, trata-se da mais ampla psicologia do ser humano, capaz de facultar as mais adequadas explanações e formulações do desenvolvimento e do comportamento. 2) Como psiquiatras e psicanalistas, estamos acostumados a trabalhar principalmente com adolescentes que se acham em dificuldades consigo mesmos ou com outros. De um lado, êsse fato exige de nós constante interêsse pela definição da adolescência normal, mas, de outro, poderá talvez deformar um pouco a nossa visão da normalidade. 3) O desenvolvimento do adolescente ocorre dentro de determinado contexto cultural, e êste relatório traz indubitàvelmente a marca, os matizes, as predisposições da nossa cultura particular e, sobretudo, da cultura da classe média e da classe média-superior, com a qual estamos mais familiarizados.

Tanto o Comitê sôbre a Adolescência como êste livro devem sua existência, em grande parte, aos esforços do Dr. Edward J. Hornick, primeiro presidente do Comitê, e é com carinho e muito reconhecimento que destacamos a sua contribuição.

Desejamos também expressar nossos agradecimentos à contribuição especial do Dr. Weston La Barre, Professor de Antropologia da Duke University, que não só funcionou como valiosíssimo consultor senão também como membro regular do Comitê.

Durante as fases iniciais de discussão e formulação dêste livro, o Comitê teve a felicidade de contar com a colaboração de antigos membros seus, Helen Carlson e Mabel Ross, bem como de Silvio J. Onesti, membro do GAP.

Reconhecemo-nos também muito gratos a certas pessoas fora do GAP, que aceitaram o nosso convite para ler e criticar o manuscrito dêste livro, do ponto de vista dos seus diversos antecedentes profissionais: Dr. R. Freed Bales, Professor de Relações Sociais, Harvard University; Dr. Kenneth G. Chinburg, médico psiquiatra, Denver; Dra. Rose L. Coser, Socióloga Adjunta do Mclean Hospital, Belmont, Massachusetts; Dr. John F. Crigler, Jr., Professor Assistente de Pediatria, Children's Hospital, Boston; Dr. Honald B. Feldman, Diretor de Psiquiatria familial, Jewish General Hospital, Montreal; Dr. Robert J. Gaukler, membro do corpo docente do Philadelphia Psychoanalytic Institute; Dr. George W. Goethals, Prelecionador de Relações Sociais, Harvard University; Dr Edward E. Hunt Jr., Professor de Antropologia, Hunter College; Dr. George C. Ham médico psiquiatra, Chapel Hill, Carolina do Norte; Dr. Waldo E. Nelson, organizador, *Textbook of Pediatrics;* Dr. David Riesman, Professor de Ciências Sociais, Harvard University; Dr. John M. Rhoads, Professor de Psiquiatria, Duke University, Medical Center; Dra. Irene Pierce Stiver, Psicóloga-Chefe, McLean Hospital, Belmont, Massachusetts.

O Comitê se confessa grato à Fundação Morris e Sophie Kardon, de Filadélfia, pelo generoso apoio financeiro prestado aos serviços redatoriais e secretariais indispensáveis ao preparo dêste livro. Desejamos também expressar o nosso reconhecimento a Lester Kardon por haver lido e criticado o manuscrito do ponto de vista do leigo.

Pelo seu trabalho na preparação do manuscrito, o Comitê agradece a Nancy Lonsinger.

Ao elaborar êste livro tentamos apresentar uma fusão coerente e integrada de nossas próprias idéias com as de outros, e só mencionamos as fontes na Bibliografia, nunca no texto. Êste último fato não deverá ser interpretado como ausência de percepção de nossa parte do quanto devemos aos autores mencionados.

Comitê Sôbre Adolescência
Grupo para o Adiantamento da Psiquiatria

Calvin F. Settlage, Presidente
Warren J. Gadpaille
Mary O'Neil Hawkins
Joseph D. Noshpitz
Vivian Rakoff
Henry Wermer

DINÂMICA DA ADOLESCÊNCIA

DINÂMICA DA ADOLESCÊNCIA

INTRODUÇÃO

Neste período de rápida e extensa mudança social é oportuno e importante que uma nova publicação nos coloque ao alcance das mãos mais amplos conhecimentos e compreensão da adolescência normal.

É oportuno porque a idade de cêrca de um quinto da população do país (os Estados Unidos da América) oscila entre dez e vinte anos. Êsse período de crescimento caracteriza-se por aumentos da atividade juvenil, da agressividade, da mobilidade e da interação social. Ao mesmo tempo, os Estados Unidos e outras nações industrialmente desenvolvidas não reformularam suas estruturas sociais a fim de possibilitar a importante participação da próxima geração. Até o presente momento, a resposta oficial tem sido prolongar a idade da dependência, dilatando a preparação educacional para o trabalho. Entretanto, já se começou alguma coisa através de programas colegiais, grupos voluntários e outros esforços cooperativos dessa natureza entre organismos educacionais, comerciais, voluntários e governos locais e federal.

O livro é importante porque se preocupa com o adolescente normal, em contraste com a extensa literatura sôbre o "adolescente delinqüente", o "adolescente alienado", e outras designações descritivas, que se costuma aplicar a êsse processo de crescimento e a êsse *status* de idade.

A mocidade de hoje vê-se não só diante das mudanças que acompanham o desenvolvimento psicobiológico, mas também da mudança sem precedentes provocada pelo impacto das explosões da população, dos conhecimentos, da tecnologia, das comunicações e das aspirações humanas. Todos os adolescentes são particularmente vulneráveis às tensões dessa rápida mudança social. Mas certas populações de jovens estão sujeitas ao risco adicional de ver diminuídas as probabilidades de atingir a plenitude das suas possibilidades mercê de circunstâncias de nascimento, família e residência. Êsses grupos populacionais incluem: 1) jovens negros, pôrto-riquenhos, mexicanos-norte-americanos e índios, muitos dos quais procedem de famílias de renda mais baixa; 2) alguns jovens de áreas intersticiais urbanas e outros das áreas rurais, incluindo-se os jovens de famílias migrantes; e 3) môças de famílias de renda baixa ou média, que têm sido relativamente esquecidas no planejamento social, que se está acelerando para as suas contrapartidas masculinas.

A Adolescência Normal nos proporciona perspectiva e compreensão de uma geração sumamente promissora para o futuro do homem. Essa geração está procurando o que é relevante para a vida e quer conhecer a relação do homem com o homem.

Êste livro pode ser valioso para os profissionais de várias disciplinas que trabalham com os jovens: educação, assistência social, Medicina, Direito, recreação, sacerdócio, justiça (sobretudo no terreno da liberdade condicional), e outras. Poderá ser útil também aos pais que buscam compreender e ajudar árdegos e jovens adolescentes a caminho de uma maturidade competente e satisfatória.

Esta distinta contribuição do Grupo para o Adiantamento da Psiquiatria honra as melhores tradições do país.

Representa o árduo trabalho de uma organização voluntária que vem forcejando, através dos anos, por estudar e pôr em prática uma exata e correta compreensão da psicodinâmica do nosso mutável cenário social.

Confessamo-nos particularmente gratos a essa recente publicação, que faz convergir a atenção da comunidade para os adolescentes e para os interêsses dêsse segmento crítico da população.

KATHERINE B. OETTINGER
Subsecretária do "Family Planning and Population, U.S. Department of Health, Education, and Welfare".

1

A BIOLOGIA DA ADOLESCÊNCIA

A adolescência é um fenômeno de desenvolvimento que só se verifica no homem. A criança humana nasce num estado de imaturidade relativamente maior que o dos filhotes de outros primatas. No ser humano, a maturação dos sistemas hormonal e nervoso central se processa durante um período de anos, que só atinge a culminação na puberdade. Nos animais infra-humanos, por outro lado, tais maturações se registram num prazo de semanas ou meses, com o atingimento concomitante e precoce de uma capacidade de adaptação e procriação relativamente completa. De idêntica maneira, o ser humano só tem, ao nascer, uns poucos e primitivos padrões reflexos de adaptação, ao passo que outros animais são dotados de padrões reflexos herdados de comportamento adaptativo muito mais numerosos e consideràvelmente mais completos. Em conseqüência disso, a progênie humana tem um período prolongado de dependência da mãe ou dos pais, ao passo que o período de dependência de outros animais, em compensação, é relativamente curto. E o que é mais importante, no homem, muito mais que nos outros animais, significativos padrões de comportamento e adaptação são determinados pela experiência e aprendizagem individuais.

A natureza do homem como animal social interdependente, com suas inigualáveis adaptações de cultura e sociedade, baseia-se num padrão de maturação biológica especìficamente humano. Ao que tudo indica, a demora no atingimento do crescimento pleno e da maturidade sexual é essencial ao seu mais longo e mais rico desenvolvimento, e nessa base se tem dado a entender que a adolescência é um traço evolutivo importante.

A maior parte do conteúdo específico da nossa "natureza humana", quer se evidencie na personalidade individual, quer se patenteie na cultura de grupo, é aprendida. Isto se verifica, por exemplo, na resposta do indivíduo às mudanças notáveis que ocorrem no período que vai da infância à idade adulta. É provável que em nenhum outro mamífero se registre modificação tão acentuada nas proporções do corpo desde a criancinha com o seu cérebro enorme e o seu corpinho inerme até o adulto chegado à plenitude do desenvolvimento. A masculinidade e a feminilidade também não são meras heranças biológicas, precisam ser aprendidas. Outros animais carecem não só de um tipo humano de adolescência mas também de um período de latência psicocultural — um período de aparente quietação ou contrôle dos impulsos sexuais que ocorrem entre o início da infância e a adolescência — em que o desenvolvimento e a aprendizagem individuais fazem grandes progressos e a tradicional cultura de grupo começa a exercer influência através do treinamento e das práticas educacionais da criança. Dessarte, alguns elementos da natureza humana, como o tabu do incesto, a linguagem semântica e os sistemas éticos são adquiridos e não herdados.

Neste estudo fazemos distinção entre a *puberdade,* que consideramos um processo essencialmente hormônico, de maturação e crescimento, e a *adolescência,* que, em nosso entender, é um processo psicológico, social e de maturação, iniciado pela puberdade. Nesta parte da exposição se descrevem, em forma condensada, os processos pubertários, biológicos, que constituem a base da adolescência.[1] O conhecimento das mudanças anatômicas e fisiológicas enfrentadas pelo indivíduo que está crescendo é essencial à compreensão dos conflitos delas decorrentes e das soluções

---

(1) Sôbre informações adicionais consulte o Apêndice A.

psicológicas e culturais forjadas por êle na luta por dominar o seu mudado *status* biológico.

As complexas mudanças da puberdade

A puberdade se caracteriza pelo início da atividade hormônica, que se encontra sob a influência do sistema nervoso central, especialmente o hipotálamo e a hipófise, localizados na base do cérebro. As principais conseqüências são o aumento da elaboração dos hormônios adrenocorticais e sexuais e a produção de óvulos e espermatozóides maduros.

A idade e talvez a natureza do início do crescimento pubescente pode ter determinantes familiais genéticas e sofrer a influência adicional da cultura, da economia e do *habitat*. A experiência clínica nos mostra que acontecimentos psicológicos influem na seqüência temporal das alterações pubertárias. O crescimento físico e a maturação sexual em ambos os sexos são, às vêzes, retardados ou acelerados por dificuldades emocionais.

A idade em que se declara iniciada a puberdade depende, em parte, dos critérios adotados para caracterizar êsse início. Nas meninas, o desenvolvimento dos seios e o princípio do crescimento dos pêlos púbicos dão-se, em média, entre 10 e 11 anos, ao passo que a menstruação se verifica, aproximadamente, entre 11 e 13 anos. Nos meninos, os pêlos do púbis começam a crescer e os testículos a aumentar de tamanho, geralmente, entre 12 e 16 anos, ao passo que o desenvolvimento do pênis e a ejaculação costumam ocorrer entre os 13 e os 17 anos.

O aumento da elaboração dos hormônios sexuais e adrenocorticais conduz a um largo espectro de mudanças fisiológicas e anatômicas, que incluem: desenvolvimento de caracteres sexuais primários e secundários; modificações no tamanho, no pêso, nas proporções do corpo e desenvolvimento muscular; alterações associadas da fôrça, da coordenação e da habilidade. Em alguns adolescentes tais alterações ocorrem múito devagar e podem estender-se até por cinco ou seis anos. Em outros, as mudanças se verificam mais depressa e chegam a completar-se em um ou dois anos. Embora sem sair dos limites normais, um rápido surto de crescimento é capaz de provocar aflitivas reações psicológicas, pois o jovem encontra dificuldade para arcar com tanta mudança em tão breve período de tempo.

Existem muitos dados interessantes sôbre o surto de crescimento pubertário. Quanto mais cedo ocorrer em qualquer dos sexos, tanto mais ràpidamente se registrarão as modificações ligadas a êle. Os adolescentes cuja maturação se processa mais cedo são, em média, adultos mais pesados do que aquêles cuja maturação se processa mais tarde. Os meninos que engordam muito durante a adolescência propendem a ter quadris largos e seios túmidos, o que lhes dá uma aparência um tanto feminina. Certas mudanças tendem a seguir padrões sazonais. O pêso, por via de regra, aumenta mais no outono, presumìvelmente em virtude do acréscimo de gordura, em confronto com o crescimento de outros tecidos. Os aumentos de fôrça muscular e de altura ocorrem principalmente na primavera. Êsse padrão, que já se manifesta na primeira infância, torna-se exagerado na adolescência.

Desde a idade de um ano até aos nove, meninos e meninas crescem mais ou menos no mesmo ritmo. As crianças do sexo masculino começam a vida de 1% a 4% mais pesadas mas, em média, a idade em que se verifica o aumento máximo de altura é dois anos mais tarde para os meninos (14,8 anos) do que para as meninas (12,6 anos); entre 11 e 13 anos, as meninas são mais altas e mais pesadas do que os meninos. Por ocasião da maturidade, os homens são de 10% a 17% mais pesados e de 6% a 8% mais altos do que as mulheres. O volume do cérebro masculino é cêrca de 11% maior que o do feminino.

Fisiològicamente, as meninas são mais velhas do que os meninos desde o nascimento até à maturidade, e a sua pubescência mais adiantada é apenas a culminação de um desenvolvimento geralmente mais precoce. As diferenças nos índices de maturação de meninos e meninas, já presentes no feto, começam, segundo se supõe, com a diferenciação sexual fundamental que se verifica lá pela sétima semana após a concepção.[2]

As diferenças que se observam na natureza das mudanças de crescimento em meninos e meninas decorrem de três fatôres. 1) Na puberdade, os hormônios sexuais diferentes produzem um crescimento diferenciado das várias partes do corpo. Nos meninos, por exemplo, alargam-se os ombros e nas meninas se alargam os quadris. 2) Durante os anos pré-pubertários imediatos, as extremidades inferiores crescem mais depressa do que as vértebras. O crescimento mais prolongado nos meninos permite o desenvolvimento de pernas mais compridas em relação ao comprimento do tronco. 3) Algumas partes do corpo apresentam um índice de crescimento contìnuamente mais elevado num sexo desde o instante do nascimento, ou mesmo antes. Por exemplo, os homens têm o antebraço proporcionalmente mais comprido, em relação ao braço, do que as mulheres. Essa diferenciação, é claro, não se deve à puberdade.

As respostas dos adolescentes à puberdade

Seguindo-se a um longo período de crescimento relativamente lento, a puberdade produz alterações acentuadas nos órgãos ligados à cópula e à reprodução. Para o adolescente do sexo masculino tais modificações têm particular importância, porque os seus órgãos sexuais primários, externos, são fàcilmente visíveis e êle acredita, em geral, que quanto maiores tiver o pênis e os testículos, tanto maiores serão a sua virilidade e a sua potência. Os órgãos genitais masculinos variam de tamanho graças a diferenças genéticas

---

(2) A maturação no homem é aparentemente retardada pela presença de um cromossomo Y, como dá a entender o fato de que o ritmo da maturação do esqueleto na síndrome de Klinefelter (uma disfunção testicular) em que está presente o Y é nìtidamente mais lento do que na síndrome de Turner (associada à agenesia ovariana e a outros defeitos congênitos) em que o Y está ausente.

individuais, a diferenças de níveis androgênicos (relativos ao hormônio sexual masculino), e ao fato de se encontrarem os indivíduos em pontos diferentes da progressão pubertária. Na realidade, o tamanho dos órgãos genitais não tem nenhuma relação com a virilidade nem com a potência. Não obstante, os meninos se preocupam, caracterìsticamente, com o tamanho dos seus órgãos genitais, talvez em parte por ignorância dêsse fato, e fazem, ansiosos, comparações com outras pessoas do mesmo sexo.

De modo geral, as meninas demonstram menor preocupação com os caracteres sexuais primários, principalmente porque os seus órgãos sexuais se encontram, quase todos, dentro do corpo e não se podem ver com facilidade. As meninas, contudo, propendem a manifestar uma preocupação igualmente profunda no tocante à menstruação e ao tamanho dos seios. O início da menstruação na menina significa para ela, para os pais e para as suas iguais (suas contemporâneas) que ela se tornou sexualmente madura. A sua preocupação com as regras é acentuada pelo fato de que a época do início da menstruação varia muitíssimo entre as jovens e também porque o ciclo menstrual, comum e normalmente, é assaz irregular durante um ou dois anos após a menarca.

Os caracteres sexuais secundários são traços físicos distintivos de masculinidade e feminilidade. Em muitos sentidos, são mais importantes para os adolescentes do que os caracteres sexuais primários, pois encerram o principal foco de atração sexual entre o homem e a mulher. O adolescente do sexo masculino preocupa-se muito com a altura, o tamanho dos músculos, a largura dos ombros e a estreiteza dos quadris. E a adolescente do sexo feminino observa com extremo cuidado e, não raro, mede literalmente o desenvolvimento dos seios e o alargamento das cadeiras, e tem mêdo de ficar muito alta. Aqui também surgem problemas, porque certas características, como a gordura e a distribuição dos pêlos, o desenvolvimento dos seios e as mudanças de voz, variam consideràvelmente no que concerne à ocasião do seu aparecimento e ao ritmo e à extensão do seu desenvolvimento. Não só é grande a variabilidade dos caracteres sexuais secundários entre indivíduos do mesmo sexo, mas também existe a possibilidade de que um membro de um sexo venha a apresentar, quase sempre temporàriamente, uma ou mais características típicas do sexo oposto. Sem embargo disso, o aparecimento relativamente freqüente, num sexo, de atributos físicos mais típicos do outro não indica necessàriamente uma disfunção hormônica. A bissexualidade é um aspecto mais ou menos normal no desenvolvimento, pelo menos no sentido de que tanto os hormônios masculinos quanto os femininos se acham presentes em ambos os sexos. Os traços físicos podem desenvolver-se, podem não se desenvolver, ou podem sofrer modificações, em resultado da normal flutuação do equilíbrio entre êsses hormônios. O adolescente se compara com os seus pares e, de acôrdo com os sentimentos que, na sua opinião, desperta o seu corpo, admirativos ou escarninhos, sente a vaidade e o amor-próprio lisonjeados ou feridos. A nova consciência do corpo estimula essencialmente novos sentimentos e novos pensamentos, que exigem notável mudança na sua integração.

Aspectos psicológicos e sociais da puberdade

Parece-nos apropriado, a esta altura, tomar nota dos fenômenos psicológicos e sociais que decorrem quase diretamente das mudanças anatômicas e fisiológicas da puberdade.

É mais do que evidente o aumento de preocupação com o próprio corpo. A pouca altura nos meninos e a altura excessiva nas meninas são causa, às vêzes, de autêntica ansiedade. A obesidade, por via de regra, representa um problema delicado para os adolescentes de ambos os sexos. O excesso de pêso pode fazer que as meninas se julguem pouco atraentes. Conforme a sua distribuição pelo corpo, a gordura sugere qualidades infantis ou uma precocidade sexual física sem contrapartida no desenvolvimento emocional. Para os meninos, não raro, a obesidade provoca constrangimento porque sugere uma qualidade "infantil" ou porque o excesso de gordura nos quadris parece feminino.

As espinhas, motivo sem paralelo de aflição para a adolescência, são comuníssimas e causam, quase universalmente, dificuldades emocionais. Por serem fàcilmente visíveis, servem, amiúde, de foco para um sentimento deslocado de culpa ou para uma preocupação acêrca de sexualidade ou de "sujeira", como se elas fôssem capazes de trair, de uma forma ou de outra, os pensamentos e atividades secretas da pessoa. Fenômeno relacionado com isso é o intenso interêsse de alguns adolescentes pelos cuidados que dispensam a si mesmos, não só no intuito de realçar seus dotes físicos mas também de ocultar suas deficiências, reais ou imaginadas.

Os adolescentes tendem a experimentar ansiedade de maneiras intensíssimas. Sentem-se, com freqüência, indevidamente cônscios das manifestações físicas que acompanham a sudação, a tensão muscular, a taquicardia, a aceleração do pulso e as sensações de um cansaço acabrunhante. Por vêzes, sem ter consciência das causas nem dos sinais da ansiedade, consideram tais fenômenos como indício de doença. E não é raro acabarem tomados de uma preocupação hipocondríaca com o seu estado físico, em detrimento dos estudos e das relações sociais.

A masturbação é uma atividade característica da maioria dos rapazes, porém não tanto das môças, que em muito menor proporção se masturbam com regularidade. As mudanças nos órgãos genitais contribuem para a tendência de aumentar a atividade masturbatória em ambos os sexos. No caso de algumas meninas, a masturbação precoce associada a uma experiência orgástica pode resultar em abstinência da masturbação por vários anos. Por isso mesmo, os conflitos masturbatórios são muito mais comuns e notórios no desenvolvimento dos adolescentes do sexo masculino.

As fôrças instintuais básicas recebem considerável ímpeto das mudanças fisiológicas da puberdade. Manifestação disso é um aumento de energia, que amiúde passa por cima dos processos mentais e dos mecanismos de contrôle e se descarrega pela ação. Os adolescentes, assim, inclinam-se a agir impulsivamente de inúmeras maneiras, muitas das quais parecerão patológicas. Outra determinante da escolha do modo de ação pode ser a atmosfera de desaprovação que cerca a descarga das tensões sexuais, em alguns grupos subculturais mais do que em outros. As jovens expressam de hábito sua recém-encontrada maturidade em estilos de roupas e maquilagem que os pais tendem a considerar "sexuais" e inadequados, ao passo que os rapazes exigem o automóvel para sair com as namoradas e voltar tarde para casa. Nas môças, o ato supremo de desafio é o comportamento sexual e a promiscuidade, ao passo que, nos rapazes, é, provàvelmente, um ato agressivo, como o roubo. O comportamento agressivo na adolescência, em particular no homem, contribui para o fato de constituírem os acidentes a principal causa de morte no grupo de idade que vai dos 15 aos 19 anos. As mais freqüentes causas de morte são desastres de automóveis, afogamentos, quedas e acidentes com armas de fogo.

O ascetismo e a intelectualização têm sido citados como defesas excelentes do adolescente contra a ameaça dos impulsos sexuais e agressivos aumentados. O ascetismo é uma tentativa para negar inteiramente os impulsos instintuais. De maneira semelhante, a intelectualização pode ser utilizada como tentativa de enfrentar os impulsos sexuais e agressivos através de processos mentais, ao mesmo tempo que a pessoa procura proteger-se da vergonha e do sentimento de culpa associado ao fato de ceder a êles.

Mais cedo ou mais tarde, os adolescentes vêem-se diante do fato de que o seu desenvolvimento biológico atingiu os fins a que visava. Enfrentam algumas realidades: sua altura, por exemplo, agora é permanente. O cestobolista entusiástico que, aos 16 anos, só tem 1 metro e setenta de altura, terá de conformar-se com o conhecimento de que o seu propósito de fazer carreira nesse esporte é inviável. Porque é, e sempre o será, crucialmente importante conformar-se aos padrões dos iguais, o sentido de finalidade é consternador para alguns adolescentes.

Esta discussão da biologia da adolescência mostra alguma coisa da complexidade e da natureza carregada de tensões das mudanças da puberdade. O estímulo biológico para o movimento final da infância à idade adulta é comum a todos os sêres humanos. Mas, como se verá, a natureza da adolescência é determinada não só pela puberdade mas também pela natureza de um determinado ambiente familial-cultural do adolescente.

30

2

FATÔRES CULTURAIS NA ADOLESCÊNCIA

Passando agora das considerações sôbre a complexidade das mudanças biológicas da puberdade à variabilidade ainda maior dos fatôres culturais na adolescência, precisamos modificar e ampliar nosso ponto de vista. O têrmo *sociedade* indica um grupo constante de pessoas que criaram maneiras relativamente fixas de fazer as coisas, expressam suas maneiras particulares de encarar a realidade, e empregam símbolos específicos que encarnam essas maneiras. A sociedade cria todo um universo de regras, leis, costumes, tradições e práticas a fim de perpetuar os valores comumente aceitos e enfrentar as várias questões experimentadas por todos os membros. Tôdas essas maneiras socialmente padronizadas de comportamento constituem a *cultura* da sociedade.

As principais mudanças fisiológicas que caracterizam o ciclo vital costumam ser objeto de preocupação cultural. O nascimento, a morte, o casamento, o parto, a puberdade e o envelhecimento dão origem a condutas, atitudes ou rituais especiais, ou a alguma outra resposta padronizada. Existem fases no ciclo de desenvolvimento individual a cujo respeito o grupo tende a estipular uma posição definida pelo próprio grupo — posição que todo membro normalmente encontra e com a qual precisa haver-se como se fôsse uma realidade significativa. A puberdade, por exemplo, chama inevitàvelmente a atenção sôbre si mesma e e certas atitudes, valores e proscrições, assim como cerimônias e ritos entram em choque com o rapaz e a môça que estão passando por essa fase.

Mas não são apenas as mudanças dramáticas de crescimento e função que provocam reações na sociedade. A maturação social, psicológica e emocional, mais gradativa, porém não menos importante, que ocorre no desenvolvimento individual durante a transição para o estado adulto também é freqüentemente acompanhada de ampla variedade de definições e reações culturais. O atingimento do estado adulto, por exemplo, não pode ser definido simplesmente em têrmos de mudanças físicas e fisiológicas, a despeito das óbvias diferenças entre o corpo e as funções corporais de uma criança no início da puberdade e de um adulto plenamente crescido. Há môças e rapazes que se desenvolvem muito precocemente e atingem a plena maturidade física já aos 14 anos de idade, mas isso, de um modo geral, não os qualifica como adultos.

As sociedades estabelecem seus próprios critérios para a definição do estado adulto, mais freqüentemente em têrmos de tradição social do que de maturidade biológica ou mesmo de resolução psicológica da puberdade. O desenvolvimento e as consecuções biológicas, sociais e psicológicas podem processar-se em ritmo diferente, e as próprias diferenças ensejarão, por si mesmas, tensões e estímulos importantes para o jovem que está crescendo. As culturas variam acentuadamente nas definições do estado adulto. Com efeito, dentro de determinada cultura é possível a existência de tôda uma série de graus de maturidade, que podem ser alcançados por alguns membros em certas condições, mas que nunca poderão ser alcançados por outros, sejam quais forem as condições.

Critérios de estado adulto

Em tôdas ou quase tôdas as culturas existem dois grupos de critérios empregados na definição ou no reconhecimento do estado adulto: os que definem a função

32

(como, por exemplo, ganhar, a própria vida) e os que definem o *status* (como, por exemplo, o direito de votar aos tantos anos de idade). Os critérios de *status* se descrevem com maior facilidade, embora revelem mais ampla divergência e, em certos casos, se fundem em convenções altamente arbitrárias e caprichosas. O reconhecimento formal do *status* de adulto em qualquer sociedade repousa sobretudo no alcançamento de metas tradicionalmente definidas. Em algumas sociedades, o *status* de adulto só é acessível a pequeno número de adultos.

A adultícia funcional se escora em critérios diferentes e relaciona-se com os papéis responsáveis que a pessoa assume. Essa definição funcional, mais tácita e implícita, existe, não obstante, em têrmos de assunção, ou de delegação e assunção, de responsabilidades. As quatro principais categorias de responsabilidade social que parecem existir em tôdas as sociedades são: o indivíduo, o cônjuge, a prole e a sociedade. Singularmente ou *in toto*, essas responsabilidades deverão ser assumidas por alguns, se não por todos os membros da comunidade. Entretanto, parece claro que o indivíduo não precisa assumir tôdas elas para ser considerado um adulto no exercício de suas funções. Em nossa cultura, por exemplo, observem-se o celibatário, a professôra solteirona ou o padre.

Para podermos avaliar a extrema variabilidade das definições culturais das funções adultas e do *status* adulto, precisamos elucidar alguns têrmos, a *família de origem* é aquela em que a pessoa nasceu, a *família de parentesco* abrange todos os membros ligados pelo sangue, a *família conjugal* consiste no pai biológico, na mãe biológica e nos filhos do casal, a *família de procriação* é a família de que a pessoa é um dos genitores, *irmãos uterinos* são os nascidos da mesma mãe.

A cultura como "meio ambiente" na adolescência

Para o exame da adolescência tendemos a trazer idéias preconcebidas implícitas, derivadas da nossa própria adolescência em nossa própria cultura. Mas as categorias de cultura não podem ser tomadas como absolutas nem inevitáveis. Os "meios" culturais diferem muitíssimo e de maneiras surpreendentes, e produzem adultos típicos visìvelmente diferentes. O temperamento nacional — por exemplo, a reserva inglêsa ou a vivacidade francesa — resulta muito mais de diferentes expectativas e procedimentos culturais em relação às crianças e adolescentes do que de herança racial. Além disso, porque a sociedade pode aplicar pressão e produzir tensão em muitas áreas do desenvolvimento humano, culturas diferentes produzirão tipos diferentes de caráter e até originarão sua própria esfera e incidência características de indivíduos psicopatológicos ou transviados padronizados.

Bàsicamente, porém, as formas culturais de cada sociedade precisam originar-se das diferenças fisiológicas entre a criança e o adulto; são modeladas para lidar com as tarefas biológicas contrastantes da infância e do estado adulto — a de educar-se e a de educar. Mas as sociedades diferem largamente na maneira por que lidam com a mudança, tanto biológica quanto de *status*. A maturidade física e a maturidade de *status* não são, de maneira alguma, idêntica. A pessoa e a sociedade surgem, muitas vêzes, como antagonistas, porque a sociedade exige e tenta impor ao indivíduo vários tipos e graus de supressão e contrôle dos impulsos sexuais e agressivos. Mercê dos seus diversos sistemas de valores, quase se diria que as sociedades humanas são experiências involuntárias sôbre as possibilidades da "natureza humana", assim como a família conjugal é o laboratório da personalidade individual.

Para ilustrar a ampla divergência entre o exercício de funções adultas no sentido biológico e psicológico e a "maturidade" do *status* de adulto, notável exemplo nos proporcionam os *mentawei* da Indonésia Ocidental. Entre os *mentawei*, embora procrie uma família biológica, só quando os filhos tiverem idade suficiente para sustentá-lo poderá o homem adotá-los formalmente, casar com a mãe dêles e recolher-se ao *status* ocioso e semi-religioso de pai de família. Aqui está uma distância espetacular, de alguns decênios, entre a maturidade do exercício das funções fisiológicas e o *status* cabalmente adulto, concedido pela sociedade — distância até muito maior do que a que existe em nossa própria sociedade. O sistema se acomoda às finalidades econômicas dos *mentawei*, pois o homem se sente motivado para produzir e servir uma família e para ser fiel a uma mulher, a fim de não perder a oportunidade de casar e, assim, lograr o pleno *status* de adulto.

Da mesma forma, no que concerne ao *status* da paternidade social, os pais biológicos entre os naíres do Malabar nunca o alcançam numa família de procriação; permanecem a vida inteira como chichisbéus solteiros (contrapartida masculina das concubinas) da mãe. Em vez disso, as responsabilidades econômicas e sociais "paternas" advêm ao homem de sua fraternidade uterina com uma mãe da mesma família de origem —isto é, com sua irmã. As responsabilidades biológicas de homens e mulheres adultos para com os filhos são as mesmas, por serem universais à espécie, mas são redistribuídas da família de procriação (que é a nossa norma) para a família de origem. Êsse deslocamento econômico e de *status* do pai pelo tio materno, difundido na Oceania e alhures, decorre dos diferentes destaques culturais que se dão à família de origem contrapondo-a à família de procriação. À guisa de contraste, nossa sociedade, hoje em dia, dá pouca importância à família de parentesco, ou família grande, mas dá a maior importância à família conjugal ou família de procriação.

A maturidade do exercício das funções sexuais e a maturidade do *status* de adulto são também muito dessemelhantes nas culturas polinésias. Aqui o *status* social e a autoridade cabem por direito ao primogênito das linhagens primogênitas, pois o filho mais velho da linhagem mais antiga é a corporificação viva do deus avito e repositório da massa da divina realeza, um *status* cercado de tabus. Os filhos mais moços das linhagens sucessivas formam a pirâmide da sociedade, ficando os rebentos mais jovens das linhagens mais novas na base do monte. A par dessa estrutura social, muitas sociedades polinésias possuem um grupo institucionalizado de jovens, os *kahioi*, encarregados das festas, do entretenimento e da hospitalidade sexual aos visitantes da tribo. O exercício das funções sexuais não é, por maneira alguma, vedado ao grupo de jovens, mas êstes precisam continuar solteiros e sem filhos para permanecer no grupo. Nem a condição de membro do grupo é função da idade cronológica. Nessas circunstâncias pode ser que exista um filho mais môço de uma linhagem recente que se tenha casado, mais tarde se divorciado da espôsa, matado os filhos e voltado ao grupo de jovens — um *kahioi* de 40 ou 50 anos de idade, que nunca atingiu o *status* social de adulto. A lambujem da sexualidade irresponsável e promíscua é atirada aos *kahioi*, seja qual fôr a sua idade, mas êstes jamais alcançam o *status* social de fundador de uma linhagem. A maturidade das funções sexuais e a maturidade do *status* social, por conseguinte, diferem totalmente uma da outra nas sociedades em que existem *kahioi*. A potência sexual é conferida biològicamente, mas o *status* terá de ser socialmente conseguido e concedido — como acontece, de fato, em tôdas as sociedades. Os *kahioi* talvez tenham, culturalmente, um parentesco remoto com o costume dos brâmanes *nambutiri* de Malabar, entre os quais um severo direito de primogenitura (que assegura *status* especial ao primeiro filho) só permite ao primogênito casar-se, convertendo-se os filhos mais moços nos chichisbéus sem *status* das mulheres naíres.

Em tôda a Oceania, como critério de adultícia, a ênfase, em geral, se aplica ao *status* e não ao exercício das funções sexuais. Em grande parte da Oceania, os meninos púberes já não podem dormir em casa dos pais, mas precisam entrar sorrateiramente nas casas de meninas em idade de casar, dormir com elas e tornar a sair, sub-reptìciamente, antes do amanhecer. Êsse hábito pré-conjugal encontra-se também entre os *dobuans* da Melanésia, onde a descendência é contada em linha materna. O rapaz continua nessa prática até ser "capturado" pela família da môça: casa-se e passa a arcar com as responsabilidades econômicas. Em certas partes de Bornéu até o marido é obrigado a procurar a espôsa às escondidas, sob pena de ser metido a ridículo se fôr surpreendido. Aqui a sua prerrogativa sexual é oficialmente desencorajada, embora não o seja o seu *status* de marido sócio-econômico; e aqui, como acontece entre os *mentawai*, é o homem que luta pelo *status* matrimonial, não a mulher, como ocorre nas sociedades ocidentais.

Sem embargo disso, subsistem alguns padrões, universais de comportamento no contraste entre crianças e adultos. Sejam como forem redistribuídas as tarefas de educação das crianças entre as várias categorias de *status* e de função, ainda assim as tarefas têm de ser executadas. Mais do que a reprodução sexual por si mesma, tudo indica que o critério decisivo do *status* de adulto em quase todo o mundo é a responsabilidade sócio-econômica para com os filhos.

A cultura ocidental como meio ambiente na adolescência

Em nossa cultura, existe uma profusão e uma confusão de diferentes definições do estado adulto segundo a função e segundo o *status*. Na categoria dos critérios de *status*, há tôda uma série de diversas idades em que a pessoa se torna oficialmente adulta de certa maneira, mas não necessàriamente de outras maneiras. A primeira é a idade dos 12 anos, depois da qual nos tornamos "adultos" em relação a teatros, cinemas, viagens aéreas, etc. A primeira mudança de *status* não confere privilégio algum, apenas a desvantagem de precisar pagar mais. O seguinte marco geral de idade são os 16 anos. Nessa idade, na maioria dos Estados, a pessoa obtém licença para dirigir automóveis; e vê-se livre de muitas restrições impostas pelas leis que regulam o tra-

37

balho de menores. Essas duas mudanças de *status* facultam, essencialmente, maiores privilégios adultos. O jovem não é obrigado a trabalhar, mas poderá fazê-lo em determinadas condições, se o quiser. O seu direito legal de dirigir automóveis é geralmente tão irrestrito quanto o dos mais velhos, mas os tribunais raramente esperam dêle, ou lha aplicam, a responsabilidade adulta legal equivalente pela sua forma de dirigir.

Mudança de *status* ainda maior ocorre aos 18 anos. Os homens são, então, adultos por decreto legislativo para finalidades de guerra e estão sujeitos ao sorteio militar. Esta é também a idade depois da qual, em muitos Estados, embora não em todos, os jovens podem casar sem o consentimento dos pais. Freqüentemente, porém, só poderão brindar ao próprio casamento com cerveja — e não com bebidas alcoólicas mais fortes. E temos assim o paradoxo de *status* em que o soldado casado não pode entrar num bar e beber, nem pode votar, mas pode procriar e matar. Nessa idade, a môça, em quase todos os Estados, já pode legalmente consentir no coito. Se ela o tivesse praticado antes, com menos de 18 anos, teria sido considerada estrupada, fôssem quais fôssem as circunstâncias.

A mudança final de *status* se verifica aos 21 anos, quando todos os privilégios e tôdas as responsabilidades do estado adulto são outorgados aos jovens de ambos os sexos. O direito de votar, o direito de beber, o direito de ser eleito para a maioria dos cargos públicos, a capacidade de celebrar um contrato financeiro coativo e de sofrer penas completas por transgressões da lei — tudo isso decorre do atingimento da maioridade. Não se confunda, porém, o *status legal e formal* de adulto com os vários níveis de função adulta ou de *status* de respeito, que pode continuar a crescer durante a vida tôda. O decano de uma escola de Direito ou o presidente de uma grande emprêsa não têm, só por causa da idade, maior número de privilégios e responsabilidades legalmente outorgados do que o estudante de 21 anos ou a garçonete de café.

Na categoria dos critérios de função, as definições de adultícia em nossa cultura são infinitamente mais complexas

38

e confusas. Pouquíssimos passageiros de 12 anos de alguma emprêsa de navegação aérea, que pagam passagem de adultos, desempenham algum papel adulto. Muitas meninas de 14 anos são capazes de ter filhos e, assim, de exercer como pessoas adultas suas funções sexuais, mas não existem categorias de *status* que dêem significação a uma coisa dessas. Na realidade, a capacidade funcional só traz uma desvantagem potencial. O soldado adolescente já citado é um perfeito exemplo do indivíduo que funciona como adulto em muitos papéis sem possuir, na realidade, pleno *status* de adulto. Em compensação, a automática investidura do pleno *status* de adulto aos 21 anos não garante que todos os indivíduos nessas condições funcionarão como adultos, emocionalmente ou não.

Definimos anteriormente a adultícia funcional como a assunção, por parte do indivíduo, de uma ou mais responsabilidades por si mesmo, pelo cônjuge, pela prole e pela sociedade. Encarada por êsse prisma, a função adulta depois dos 15 anos não tem qualquer relação com a idade, que constitui a base da nossa definição do *status* de adulto. Muitos jovens de 18 anos já vivem sôbre si, ao passo que muitos jovens de 23 continuam na escola e são parcial ou totalmente dependentes. Êsses mesmos estudantes graduados de 23 anos talvez tenham espôsa e filhos e talvez se desincumbam admiràvelmente de muitas responsabilidades familiais, ainda que sejam incapazes de sustentar-se. Nas profissões mais altamente especializadas, um homem pode não ser plenamente auto-suficiente — isto é, adulto no pleno exercício das suas funções econômicas — até os trinta e tantos anos, apesar de haver exercido com perfeição outras funções de adulto por 15 anos ou mais.

A função de adulto e o *status* de adulto parecem encontrar definição numa série de fases, e os dois são pouco ou nada integrados. A definição social do adulto no exercício das suas funções parece ser alcançada na civilização ocidental quando êle assume, pela primeira vez, a plena responsabilidade por si mesmo. Isto geralmente se segue ao atingimento de um equilíbrio mental e emocional rela-

39

tivamente estável, característica do término psicológico da adolescência. De ordinário, o indivíduo assume as responsabilidades por si mesmo, pelo cônjuge, pela prole e pela sociedade, nessa ordem. Para propósitos de comparações entre culturas da adolescência e sua resolução psicológica, as definições da função de adulto se afigurariam mais fundamentais e mais úteis do que as definições formais do *status* de adulto. A natureza, a qualidade e o ajustamento da função de um indivíduo dependem muito mais dos seus conflitos interiores e das soluções que êle lhes dá do que o seu *status*, que pode, como sucede na nossa cultura, ser recompensado ou retirado, a despeito da função.

Tarefas universais da adolescência

Haverá padrões universais de comportamento nas tarefas da adolescência que transcendem as diferenças culturais e, dessa maneira, se aplicam a todos os indivíduos? Já se observou que o homem é um animal que aprende, e todos os adolescentes, portanto, precisam aprender, se bem o conteúdo de seu aprendizado difira de uma cultura para outra. O tabu do incesto também é universal e, em geral, se relaciona com todos os pais e seus filhos; em sua forma básica — o tabu do incesto entre mãe e filho — não se conhece exceção alguma. Dessarte, o adolescente se impõe a tarefa invariável de deixar a família de origem por uma família diferente (a sua própria) de procriação; para assumir a função procriadora adulta, forçoso lhe será romper laços estreitos com a família conjugal e estabelecê-los com estranhos. Outro denominador comum é a mudança do estado de educando para o de educador. Por fim, sem embargo da cultura ambiente, normalmente se espera que o adolescente aprenda a trabalhar e aprenda a amar, capacidades essas necessárias ao exercício das suas funções como adulto.

Biològicamente, as mesmas necessidades e impulsos existem em tôda a espécie; culturalmente, oferecem-se modelos alternativos para a sua satisfação; e psicològicamente, no esfôrço por conciliar seus impulsos com os ditames culturais, o adolescente, em qualquer cultura, emprega idênticos mecanismos de defesa, prèviamente desenvolvidos, como a repressão, a negação e a projeção.

Facilitação e inibição cultural na adolescência

Tôda sociedade tem compromissos culturais que considera bons. É bem possível que êsses compromissos, na verdade, não se apropriem ao mundo atual da realidade, e os adolescentes, por certo, nem sempre os considerarão imediatamente desejáveis. Não obstante, subsiste, o problema para a sociedade: como ajustar novos organismos ao contexto cultural mais antigo, como fazer que os indivíduos logrem, sôbre os seus ímpulsos sexuais e agressivos, as espécies de disciplina prescritas, preferidas ou adaptativas numa sociedade e numa cultura específicas?

Mas é precisamente neste ponto que o juízo cultural adulto se mostra tão diverso e variável. A cultura cristã, por exemplo, requer uma repressão e uma negação, relativamente pesadas, dos impulsos agressivos diretos. Espera-se que o indivíduo só lide com os seus impulsos agressivos através de uma série de manobras defensivas. Entre elas se incluem a projeção do próprio eu interior sôbre fôrças externas, como "maus" professôres ou "maus" funcionários da justiça; a autodesaprovação por acalentar pensamentos pecaminosos, destrutivos; a sublimação num esfôrço competitivo, como dançar ou praticar esportes; ou a identificação com heróis culturais. Em compensação, em alguns grupos indonésios e melanésios de caçadores de cabeças e canibais, a expressão direta da agressão é exigida e posta em prática de tal forma que desperta ansiedades no indivíduo, as quais requerem repressão através do ritual, ou expressão num comportamento estranho mas (para a sociedade) padronizado, psicótico (demente). Semelhantemente, as exigências culturais de agressão estilizada na guerra dos índios das Planícies eram, amiúde, um fardo psíquico tão intolerável para o indivíduo que criavam um transviado social padronizado, o *berdache*: o "não-homem", capaz de caçar, casar e até procriar filhos, mas que vestia roupas de mulheres e nunca seguia a trilha dos guerreiros em busca de escalpos — nem arriscava o seu. Se a definição crítica do homem das Planícies fôr uma pessoa do sexo masculino, que segue o caminho da guerra e se apodera de escalpos, o *berdache* é o "não-homem" e precisa ser socialmente assinalado pelo traje, sejam quais forem suas atividades como criatura do sexo masculino. Da mesma forma, se a tomada de cabeças fôr o critério da virilidade ritual ou requisito para o casamento nos Estados de Wa, em Bornéu ou na Nova Guiné, muitos indivíduos do sexo masculino tentarão, sem dúvida, transpor essa barreira cultural, seja qual fôr o custo psíquico individual. Talvez convenha ao adolescente, de quando em quando, pôr em dúvida as metas que lhe são propostas pelos adultos de sua sociedade.

As culturas diferem consideràvelmente na maneira pela qual facilitam ou inibem o atingimento da plena maturidade. Muitas sociedades primitivas parecem reconhecer de má vontade o *status* de adulto e exigir que o indivíduo prove sua virilidade de várias maneiras, que vão desde colecionar escalpos e caçar cabeças até passar por uma penosa e ameaçadora provação pubertária, acompanhada de várias mutilações corporais, que se aplicam, com significativa freqüência, aos órgãos genitais. E pode ser que a maneira menos tensa e psicològicamente mais segura de chegar ao *status* de adulto seja fazer-se homem, màgicamente, pela provação ou iniciação pubertária. Se nesse processo a pele, os dentes ou os órgãos genitais sofrerem alguma alteração, o indivíduo terá, pelo menos, por assim dizer, uma prova fìsicamente documentada do seu *status* de adulto, e se a provação pubertária encerrar elementos ameaçadores, êstes serão, pelo menos, circunscritos e delimitados no tempo. Um exemplo semelhante, porém mais complexo, tirado da cultura judaica, é a cerimônia *bar mitzvah*.

A adolescência, portanto, pode ser tensa não só por motivos biológicos mas graças às pressões e exigências que a cultura exerce sôbre a criança em desenvolvimento. Já se deu a entender que em Samoa a adolescência está relativamente livre de tensões e inquietações porque a cultura samoana concede aos jovens muita liberdade em seu comportamento sexual. Aqui, os aspectos fisiológicos e funcionais da sexualidade tendem a coincidir com o ciclo vital do indivíduo, e seus problemas psicológicos não giram em tôrno da sexualidade. Se a função de comer, em lugar da função sexual, fôsse causa de maciças repressões e proibições culturais, o comer se tornaria em causa maior do que o sexo do surgimento de distúrbios emocionais.

É concebível que os valores culturais que já tiveram uma razão válida — por exemplo, as sanções relativas à virgindade associadas ao costume da compra da espôsa, ou a completa proibição de relações sexuais pré-conjugais quando não se podiam controlar a concepção e as moléstias venéreas — justifiquem uma reavaliação depois de modificadas as condições sociais, econômicas e tecnológicas.

Voltando a Samoa, a distância entre as funções do adulto e as da criança é diminuída pelo costume de fazer que irmãos pouco mais velhos, e não adultos, ministrem os cuidados imediatos aos irmãos e irmãs mais novos. Conseqüentemente, não existe grande disparidade em matéria de idade e poder entre o socializador e o socializado, e isso talvez explique por que os samoanos se afligem menos com as lutas pelo poder do que os norte-americanos, em cuja infância os pais são relativamente onipresentes e, segundo as aparências, onipotentes.

Em grande parte da África negra, a condição de membro vitalício do mesmo "grupo de idade", sucessivamente promovido, obtém para o indivíduo a transição ao *status* de adulto não só com o tranqüilizante exemplo recíproco dos iguais mas também com o poderoso apoio da cultura adulta. Êsse sistema pode ser prejudicado, entretanto, pela falta de liberdade individual, espontaneidade, variedade e mudança social adaptativa. A iniciação, penosa e ameaçadora provação, talvez só alcance com êxito a "personalidade autoritária" da ortodoxia tribal e uma lealdade compulsiva, irrefletida, à tradição.

Para os adolescentes, os *rites de passage* facilitam, sem dúvida, psicològicamente, as transições de *status*, e êsses "ritos" são, de fato, ministrados pela nossa cultura. O exame de habilitação do motorista de 16 anos de idade é essencialmente um *rite de passage*, ao menos no entender do adolescente. O *bar mitzvah*, a que já nos referimos, é um ritual socialmente útil e psicològicamente significativo numa tradição que dá valor à liderança e à responsabilidade patriarcais. Da mesma forma, nas sociedades que dão importância à virgindade, uma jovem talvez precise do casamento na igreja, com todos os seus atavios, para dramatizar psicològicamente sua acentuada mudança de *status*. Um pouco menos carregado de repressão sexual, o homem poderá contentar-se com um casamento diante do magistrado civil. Talvez o emprêgo e a paternidade representem áreas mais críticas para o jovem adulto do que a sexualidade, pois é no emprêgo e na paternidade que residem as suas importantes provas de *status*. Releva notar que os adolescentes inventam amiúde seus próprios *rites de passage*, tais como "acompanhar a turma" na bebida até chegar a um estado de náusea ou estupefação, ou sujeitar-se às primitivas práticas do trote associadas ao ingresso numa fraternidade colegial.

É, pois, em têrmos relativos que se deve considerar a adolescência na cultura judaico-cristã contemporânea e tentar compreender-lhe as manifestações e a significação. Mas isto não pode realizar-se de maneira integral nem definitiva. Não só é acabrunhante a magnitude da tarefa, mas também as condições da nossa cultura e da nossa realidade estão-se modificando constantemente, e as observações e conclusões de hoje não tardam a ser ultrapassadas. Sem embargo, talvez nos seja possível descrever a origem da nossa cultura em relação à adolescência tal e qual existe atualmente.

A adolescência na classe média norte-americana

Existem razões que nos levam a centralizar a discussão na cultura da classe média norte-americana e no adolescente dessa cultura: a classe média abrange a maior proporção da nossa população; as suas atitudes culturais estão mais difundidas e afetam maior número de pessoas do que as de qualquer outro grupo subcultural firmemente delineado; e dispomos de informações mais fidedignas a respeito da sua adolescência. Está visto que será preciso tomar em consideração outras diferenças de classes, regionais e subculturais. Por exemplo, a personalidade do apalache do sul, criado numa cultura rural isolada e homogênea, possui uma impassibilidade fundamentalista que, por contraste, faz parecerem fantásticas a excitabilidade e a inquietação da classe média urbana; em compensação, os sulinos brancos da zona rural parecem assombrosamente carentes das motivações e metas da cultura urbana da classe média. Nos guetos urbanos negros, o "sucesso" individual, em têrmos de classe média, depende muito mais de fatôres emocionais acidentais, relação com a autoridade e oportunidades de identificação, do que de determinada família de origem. Por conseguinte, irmãos nascidos da mesma família podem variar amplamente na trajetória de suas carreiras.

Os *mores* subculturais sempre se sobrepõem um pouco ao corpo principal de qualquer cultura, exatamente como as atitudes minoritárias se injetam em quaisquer generalizações acêrca das opiniões da maioria e as complicam. Esta discussão, portanto, terá aplicação fora da maioria da classe média. Ao mesmo tempo, estamos perfeitamente a par da supersimplificação e da supergeneralização inevitáveis que acompanham qualquer breve discussão de um fenômeno tão imenso quanto a classe média norte-americana.

Certas qualidades e traços distintivos ajudam a definir e a caracterizar a adolescência na classe média norte-americana. Importantíssimo é o fato de ser a adolescência uma fase bem delineada de desenvolvimento e formarem os adolescentes um grupo especial e autoconsciente de *status*. Isto não se aplica a tôdas as culturas. Talvez em nenhuma outra época da História e em nenhuma outra cultura se tenha concentrado tanta atenção sôbre os adolescentes. Produtos, propaganda, entretenimentos, livros e colunas de jornais se destinam freqüentemente a êsse determinado grupo de idade e, hoje em dia, oferecem um mercado especial e controlam um tremendo poder de compra. Em outra época, um jovem de 15 anos teria sido mencionado como menino ou rapazola, mas hoje é conhecido como adolescente — têrmo que indica um grande, influente e importante grupo de *status*. O adolescente tem muita consciência do seu *status* especial. Anseia pelos privilégios que o acompanham, sofre com impaciência ou desafia abertamente as restrições que o limitam e mostra-se não pouco petulante em relação ao poder vagamente definido que o seu grupo possui.

Intimamente relacionada ao *status* dos adolescentes como grupo separado está a sua profunda e quase exclusiva fidelidade ao grupo de iguais. O grupo de iguais adolescente tem formas e modelos próprios para modas, novidades, danças, músicas, recreações, namôro, vocabulário, etc., e tudo isso parece inteiramente impermeável à influência adulta. A descrição não se restringe apenas aos adolescentes francamente rebeldes. Retrata um estado de espírito mais ou menos característico de todos os adolescentes, até dos que se mostram exteriormente submissos.

O grupo de iguais é particularmente importante como apoio vigoroso aos adolescentes, tanto individual quanto coletivo em sua contestação e em seu desafio característicos dos valores e instituições culturais dos adultos. Crianças de menor idade podem protestar e rebelar-se, mas a sua dependência e a sua imaturidade as mantêm muito mais intimamente ligadas aos pais do que aos iguais. Os adolescentes, portanto, são capazes de sujeitar os valores culturais aprendidos na primeira infância a uma crítica e a um escrutínio cuidadosos e, por vêzes, devastadores, a fim de determinar-lhes a aplicabilidade ao mundo de hoje, tal qual é visto por êles. Alguns adolescentes parecem não aceitar quaisquer valores adultos, nem mesmo superficialmente; outros passam por uma fase em que experimentam muitos sistemas diferentes de valores, como parte de sua busca de identidade; alguns sentem a necessidade de aceitar os valores adultos para poderem sobreviver num mundo definido pelos adultos; outros chegam a uma estreita e positiva identificação com os adultos e seus valores mas, a seguir, receiam perder sua independência e autonomia, que recentemente principiou a desenvolver-se, através da absorção pelo adulto.

Mais um traço distintivo da adolescência da classe média é o que se poderia denominar o seu *"status* de hiato". Os adolescentes já não são considerados crianças e, sem embargo disso, não se supõe realmente que avoquem a sua posição no mundo adulto. Possuem alguns privilégios de adultos (*status*) mas ninguém espera que assumam plenas responsabilidades adultas (funções). Embora êsse *status* de hiato possua inúmeros aspectos frustrantes, tem também algumas tentadoras satisfações. As transgressões praticadas por adolescentes, mesmo as que ocorrem nas categorias de *status* de adulto, como dirigir automóvel, são freqüentemente encaradas com tolerância. Não se exige, por via de regra, que os adolescentes se responsabilizem financeiramente por si mesmos. Ainda que um rapaz esteja ganhando dinheiro suficiente para custear as próprias despesas, a maioria dos pais da classe média espera continuar pagando algumas de suas contas. Dentre os adolescentes que atingem o *status* de adulto pelo casamento, tornando-se assim legalmente emancipados, muitos receberão ainda substancial ajuda econômica dos pais, porque o marido, ou a espôsa, ou ambos estão na escola. Os adolescentes podem até sucumbir à sedutora e persuasiva tentação de permanecerem adolescentes, gozando de ampla proporção do *status* e dos privilégios do adulto, ao mesmo tempo que evitam as responsabilidades implícitas na aceitação do papel de adulto. Tais adolescentes "profissionais", que já ultrapassaram os limites da idade, representam um subproduto sem paralelo dêsse aspecto particular da nossa cultura, e contrastam nìtidamente com os adolescentes ambiciosos, que não vêem chegar a hora de ingressar no mundo adulto e assumir tôdas as suas responsabilidades.

O *status* de hiato da adolescência, com a concessão de muitos privilégios de adultos aos que ainda são tècnicamente adolescentes, conduz a uma situação paradoxalmente invertida. A aceleração da concessão de privilégios aos jovens tem por efeito engavetar as gerações umas nas outras e obscurecer as diferenças entre o adulto e a criança. Exemplos disso são visíveis no namôro mais precoce, no maior poder aquisitivo e na maior mobilidade dos adolescentes de hoje. Essa quase adultícia não torna adultos os adolescentes nem invalida o *status* de adolescente. Mas priva o estado adulto de muitas de suas prerrogativas tradicionalmente distintivas.

As atitudes da classe média para com a oposição entre a individualidade e a conformidade também proporcionam base para conflitos. Tradicionalmente, a sociedade norte-americana tem realçado a liberdade do indivíduo, incluindo a escolha da carreira. A auto-realização numa sociedade aberta, que enseja a "mobilidade vertical", significa "encontrar-se" o indivíduo num dos muitos papéis plenamente acessíveis adequados às suas capacidades especiais. Isto requer, com freqüência, o repúdio e o abandono do grupo de origem. Nossos livros de História inculcam na criança a admiração pelos indivíduos resolutos, não raro rebeldes, que de fato afeiçoaram grande parte do nosso mundo com a sua própria individualidade. Hoje em dia, porém, a nossa sociedade também dá considerável importância à conformidade adaptativa, quer transmitida inconscientemente através do adestramento, quer até como objetivo proclamado sem rebuços: para podermos "progredir" precisamos "encaixar-nos" e não ser muito diferentes. Os adolescentes percebem a natureza contraditória dessas atitudes dos pais e da cultura e tendem a vê-las como exemplo da hipocrisia adulta. Percebem muitas vêzes que o encalçamento de qualquer dessas metas, a individualidade ou a conformidade, suscita desaprovação e acham difícil seguir as duas ao mesmo tempo. A implícita liberdade de escolha necessária à individuação única, que a nossa cultura tanto deseja, afigura-se ao adolescente revogada pela ênfase dada à conformidade. Disso resultam frustrações e conflitos ou a evitação dos conflitos pela "escolha" de uma ou outra direção.

Determinante primordial da adolescência da classe média é o fato de estar a sociedade da classe média organizada de maneira exclusiva em tôrno da família conjugal, em contraposição à família extensa. A mãe e o pai biológicos e sua prole vivem juntos num lar que habitualmente não é partilhado com outros, e quase tôda a disciplina e atitudes culturalmente determinadas sôbre educação dos filhos são transmitidas à criança pelos pais, ao menos durante os anos pré-escolares. Embora a nossa cultura seja ainda oficialmente patrilinear (em que a descendência é contada em linha paterna), os laços de parentesco, hoje em dia, tendem a ter importância apenas jurídica. Os papéis do pai e da mãe podem ser delegados (por via de regra temporàriamente), mas não costumam ser distribuídos, além da mãe e do pai biológicos, a outros parentes. A tendência cada vez maior dos casais de se afastarem do local do nascimento e viverem separados dos seus antepassados e parentes reduz ainda mais a importância dos parentes para as crianças. Os irmãos mais velhos têm pouca ou nenhuma responsabilidade no trato dos irmãos mais novos, e os pais tendem a considerar iguais todos os filhos, sem embargo da idade. Essa configuração da família significa que os filhos crescem numa sociedade de irmãos ou companheiros de folguedos competitivos, uma espécie de grupo de *status* distintamente separado do pai e da mãe. E significa também que as crianças dirigem quase todo o seu conflito e agressão aos pais biológicos e não aos inúmeros substitutos dos pais. Êsse período da primeira infância, em que a cultura e a autoridade são transmitidas primordialmente pelos genitores, prepara o caminho para a continuação da infância e a adolescência. Dessarte, quando outras pessoas revestidas de autoridade entram na vida da criança, esta as vê mais como extensões ou cópias dos pais do que como indivíduos novos e diferentes, e os valores culturais e instituições tendem também a ser vistos tais como eram interpretados pelos pais.

Outra importante influência cultural sôbre a adolescência é a nossa "moral de classe média". A expressão inclui a moral no sentido usual, seus derivados nas técnicas e atitudes da educação de filhos e, sobretudo, a mudança de valores tão claramente observável na sociedade da classe média contemporânea. Algumas questões morais tiveram sua importância aumentada, outras a tiveram diminuída. Muitas atitudes que costumavam ser esteios da sociedade, como a fé cega numa religião tradicional, diminuíram como fôrças realmente modeladoras.

O enfraquecimento da convicção e da crença nos sistemas de valores estabelecidos também contribui para a contradição entre as atitudes que se proclama e o comportamento que se observa. Seja como fôr, os padrões "oficiais" sempre mudam mais devagar do que o comportamento real. Embora se possam discernir, numa parcela do clero, atitudes favoráveis à maior liberdade sexual, assim como outras que avaliam sèriamente a moral da nossa cultura, continuam a ser vigorosamente defendidos os padrões proibitivos, há tanto tempo estabelecidos. A virtude da virgindade, o ideal da abstinência sexual e da "pureza" até o casamento, os conceitos de pecado carnal e de sexo "sujo" ainda fazem parte da ética proclamada num largo setor da nossa sociedade. O mesmo se aplica ao enérgico tabu contra a expressão direta da agressão, se bem a agressão não evoque o mesmo grau de censura que a sexualidade.

Claro está que a cultura da classe média não é monolítica nas atitudes sexuais. Existem ponderáveis parcelas da população, em particular os adultos experientes das áreas urbanas mais amplas, que dissentem abertamente da moral proibitória dos pais e avós e procuram criar os filhos de acôrdo com suas idéias. Na maioria, contudo, os observadores considerariam tais elementos antes como expositores da mudança do que como árbitros das atitudes correntes da maioria. Em sua maior parte, a cultura da classe média não proporciona uma vazão sexual orgástica, livre dos sentimentos de culpa, entre a puberdade e o casamento.

Uma conseqüência dessa espécie de moral é que o adolescente tem de arcar não só com a tremenda tarefa de controlar suas emoções e impulsos sexuais, mas também com o fardo pesado do sentimento de culpa nascido da quase inevitável incapacidade de fazê-lo. Voltando à ênfase que a cultura da classe média coloca sôbre a família conjugal, parece provável que isso represente um papel importante na intensificação do conflito sexual adolescente, centralizando nos pais biológicos, virtualmente, tôdas as emoções sexuais da criança que se desenvolve.

Os adolescentes encontram grande dificuldade em viver de acôrdo com a moral sexual prescrita pela cultura e, quando tentam fazê-lo, pagam emocionalmente um preço elevado. Muitos acabam renunciando aos seus esforços, pois ninguém que tenha passado a infância no contexto de uma moral proibitiva pode realmente libertar-se do legado de sentimentos de culpa no que tange ao sexo. A natureza do dilema determina as variações padronizadas dos esforços adolescentes para a solução do problema: rebelião contra a ética sexual e negação da consciência; casamento precoce em regime de dependência; casamento precoce com evitação da luta sócio-econômica; repúdio cândido e sincero das proibições sexuais, mas acompanhado de inevitáveis e inconscientes sentimentos de culpa; subordinação do sexo às metas competitivas e contaminação do sexo com elas; ou vigorosa repressão da sexualidade, com a probabilidade de distúrbios mentais ou emocionais subseqüentes. As atitudes da cultura da classe média tornam pràticamente impossível aos adolescentes empregarem, de maneira saudável, as alternativas dêsses modos de comportamento, a saber, e masturbação ou as intimidades sexuais com o sexo oposto, apropriadas à idade e ao grau de maturidade emocional do indivíduo.

Essa visão genérica da moral da classe média, proibitiva e inibitória, pode parecer contrariada pelo óbvio destaque atual que a nossa cultura dá ao sexo. Observe-se o conteúdo de grande parte do que vem expresso pelos meios de comunicação de massa e pelas práticas educativas de muitos pais, que toleram e, às vêzes, favorecem coisas como namoros e uso de maquilagem e roupas sexualmente provocantes em idade muito tenra. Entretanto, por serem mais sexualmente estimulantes do que realmente permissoras, essas atitudes tendem apenas a aumentar o conflito sexual. Na maioria das famílias, sobretudo em certos grupos subculturais, o limite é firmemente representado pelo coito ou até pela masturbação. O grau de comportamento sexual permitido também difere de acôrdo com o sexo. No caso das môças, procura-se alimentar a sexualidade competitiva, mas não a sexualidade funcional. A atitude de muitos adultos está parafraseada na frase: "Pendure suas roupas num galho de nogueira, mas não chegue perto d'água".

Descontinuidade de papel entre a infância e a idade adulta

Embora existam óbvias diferenças biológicas e funcionais entre a criança e o adulto, as culturas podem situar em pólos opostos tais distinções em detrimento do crescimento individual. Isso acontece quando os papéis da criança e do adulto são definidos de maneira tão rígida e nìtidamente contrastante que um papel não conduz natural e lògicamente ao outro. De idêntica maneira, o adestramento contraditório pode interferir na maturação normal do papel. À medida que se aproxima o estado adulto, é provável que o adolescente tope com dificuldades de ajustamento, mormente se lhe tiverem sido incutidas, com demasiada severidade, atitudes de dependência, obediência e abstinência sexual; e sobretudo quando os critérios de êxito na idade adulta são a independência, a iniciativa, a assunção de responsabilidades e a atividade sexual. Dessa maneira, o adolescente, que se adaptou muito bem ao seu papel de criança e nêle se sentiu perfeitamente à vontade, acha difícil assumir o nôvo papel de adulto.

É possível, portanto, que as nossas fórmulas sociais não sejam tão apropriadas para treinar as crianças a se tornarem adultos quanto o são para treiná-las a serem crianças bem sucedidas. No caso do adolescente, êsses papéis definidos de maneira contrastante tendem a colocá-lo na posição de quem é prêso por ter cão e prêso por não ter: vê-se condenado quando tenta agir como adulto e condenado quando não tenta. Disso decorre que os adolescentes se convertem em "problemas" para os adultos e para si mesmos.

Os índios papagos, entre outros, conseguem uma continuidade mais eficaz ao adestramento para o papel; até a criança pequena é premiada quando se comporta, econômicamente ou não, de maneira condizente com o futuro adulto, e assim começa, desde a infância, a exercitar-se para um estado adulto bem sucedido. Isso não significa que o adulto deva abdicar das responsabilidades de seu estado, nem que deixe de ser modêlo para a criança, ou pretenda estabelecer com ela uma relação espúria e sedutora de fraternidade (como ao pretender que o considerem mais amigo do que pai). Significa, seja qual fôr o treinamento impôsto à criança, que será levado por ela à idade adulta, e tanto ela quanto a sociedade virão a sofrer se o treinamento a adaptar mal ao mundo adulto.

Êstes breves comentários indicam, em parte, o grau de interação das atitudes culturais definitivas com a adolescência. Acrescenta-se uma dimensão adicional quando algumas instituições culturais começam, de fato, a perder a significação e a fôrça para os adultos que continuam a sustentá-las. O adolescente é um observador particularmente arguto da cultura adulta, e a observação mais perfunctória revela uma adesão cada vez menor à ética judaico-cristã, que ainda é a ética "oficial" da nossa cultura. O adolescente percebe que certas coisas, como o êxito financeiro, a respeitabilidade e o exercício de um cargo público muitas vêzes parecem ter pouquíssima relação com o comportamento ético do indivíduo, e que a incapacidade de viver de acôrdo com os valores tradicionais não é necessàriamente seguida de conseqüências desagradáveis.

Já se insinuou que não é só a frustração que torna as crianças neuróticas, mas também a falta de recompensas culturais elementares pela frustração que a criança tem de sofrer. Está visto que os adolescentes da classe média são amiúde apanhados nessa armadilha. Houve uma época (embora isto possa soar como um conto de fadas para os jovens de hoje) em que uma pessoa poderia planejar o futuro baseada nos compromissos feitos durante a adolescência e ao fim dela. Aconteciam certas coisas na comunidade aos que aceitavam os valores culturais e tentavam ao menos viver de acôrdo com êles. Se essas coisas fôssem importantes para o jovem, êste saberia como consegui-las. Os processos aprovados de utilizar os próprios impulsos instintuais tinham um significado prático e demonstrável. Para os que repudiavam a moral da classe média se abriam caminhos de vida inteiramente outros, bem como inteiramente outras eram também as suas conseqüências, edificantemente visíveis e seguras. Os dois tipos de comprometimento de vida se excluíam recìprocamente.

Essa descrição talvez seja supergeneralizada mas, não obstante, existe importante diferença entre a sociedade adulta que, de um modo geral, acredita em seus valores morais e tenta viver de acôrdo com êles, e a que não os aceita. Muitas vêzes, há pouca harmonia entre os valores expressos da classe média e o verdadeiro comportamento adulto. Presos na própria confusão, os adultos se vêem em apuros para mostrar aos adolescentes as recompensas que obtiveram em suas vidas por aceitarem a ética "oficial". Por conseguinte, aos olhos dos adolescentes, o mundo adulto parece amiúde estribar-se em princípios contrários à honestidade e a outros valores culturais adotados.

A nossa é uma sociedade tecnológica competitiva, fato êsse que também afeiçoa a fase adolescente do desenvolvimento. O mundo adulto dá muita importância à vitória na luta pelo *status* e pela posição, e como se empresta maior destaque ao resultado do que aos meios empregados para consegui-lo, a capacidade se subordina freqüentemente à agilidade. Uma sociedade em que a mobilidade social vertical não só é possível senão também aplaudida, transforma automàticamente tal progresso num objetivo altamente prioritário. As crianças são iniciadas muito cedo nessa *mêlée* pela estrutura fraterna competitiva da nossa unidade de família conjugal e mantidas a par dessa orientação no correr de tôdas as suas atividades escolares e recreativas. Os sistemas de graduação mantêm a mesma ênfase e os mestres ponderados de adolescentes se queixam de que a verdadeira finalidade de inúmeros alunos é "adivinhar" o professor e obter o diploma, muito mais do que aprender por amor dos duradouros benefícios do aprendizado.

Exigindo doses cada vez maiores de instrução para dar a alguém condições de competir, a tecnologia, que sempre mais se aperfeiçoa, aumenta as tarefas reais da adolescência. São cada vez mais raros os empregos para os não especializados e os semi-especializados, e os jovens que não podem aceitar, ou não aceitam, a intimação para conseguir uma instrução adequada, estão geralmente fadados a uma existência sócio-econômica inferior à normal. Por outro lado, a exigência de maior instrução e o período mais longo de dependência que disso resulta existem a par das proibições relativamente imutáveis impostas à sexualidade adolescente. Em tais circunstâncias, cresce ainda mais a distância entre a maturidade sexual física e a situação sócio-econômica compatível com a auto-suficiência e com o casamento.

Certos problemas adolescentes, insignificantes ou invisíveis em sociedades mais primtivas, avultam, compreensìvelmente enormes, em nossa sociedade. Um dêles é o da identidade. Em sociedades mais simples, que oferecem apenas dois modelos de papel definido pelo sexo a questão quase inexiste. Entretanto, a busca da identidade constitui problema nas culturas mais complexas, caracterizadas pela mudança social rápida, de modo que o pai pode tornar-se obsoleto como modêlo para o filho; pela mobilidade geográfica, de modo que os modelos culturais se modificam constantemente; pela ênfase dada à individualidade com grande liberdade de escolha; por um alto grau de complexidade, em que existem muitos modelos oferecidos à escolha; e pela "ausência de classes", em que tôda a gente forceja por elevar o seu *status* social. O fato de suscitarem essas condições problemas para o adolescente que busca a sua identidade é contrabalançado porém, pelo fato de oferecerem elas também uma variedade de escolha que a nossa cultura, por certo, não desejaria perder.

Todos êsses fatôres, que complicam a busca da identidade do adolescente, existem em nossa cultura de classe média e, simultâneamente, aumentam assim as recompensas como os ônus da tarefa. Tamanha multiplicidade de personalidades possíveis raras vêzes se oferecem a jovens árdegos e sadios. O adolescente conhece claramente as escolhas relativamente ilimitadas, que estiveram constantemente em evidência durante os anos da sua infância. Mas a identidade não advém automàticamente ao indivíduo à proporção que êle vai ficando mais velho. Surgem, dessa maneira, não só a necessidade, que exige tempo, de experimentar e escolher, mas também a possibilidade de um conflito neurótico e de uma escolha inapropriada.

Uma complicação adicional para a tarefa de estabelecer a identidade reside na difusão cada vez maior de papéis paternais masculinos e femininos e no apagamento das linhas tradicionais de distinção entre os sexos. É possível que tanto o pai quanto a mãe estejam trabalhando e, como acontece em muitos casos, a mãe se encarregue das finanças da família. "Solidariedade" significa que o pai comparte do serviço da casa e dos cuidados dispensados ao bebê depois que volta do trabalho. Verificou-se também grande aumento das possibilidades de funções para as mulheres, de modo que, hoe em dia, poucos campos lhes permanecem fechados. Existem, por exemplo, inúmeras policiais e diretoras de emprêsas — contrapartida, por assim dizer, dos cabeleireiros e figurinistas. Numa sociedade assim, os papéis definidos pelo sexo tornam-se ambíguos, e a criança em vias de desenvolvimento talvez careça de pistas claras, além das anatômicas, para estabelecer a diferenciação dos sexos. E como subsiste o fato de que "a anatomia é o destino", pelo menos no que se refere aos papéis masculino e feminino na procriação, deixa-se o adolescente em luta com a sua mais importante tarefa de identidade, a identidade sexual, na ausência de papéis claramente definidos pelo sexo. Em tais circunstâncias, o legado ricamente variado, mutável e individualmente satisfatório de ilimitadas alternativas de identidade é um legado cheio de restrições e vêem-se, ao lado de muitos adolescentes enredados nas restrições muitos outros que tiraram proveito da dádiva.

Mudança social rápida como problema da adolescência

A nossa época tem sido chamada a Idade da Ansiedade e, por certo, a natureza da insegurança que se avoluma tem conseqüências imensuráveis para o adolescente. Dificilmente teremos a certeza, contudo, de que êsse atributo é peculiar à nossa cultura e ao nosso tempo. Está visto que o futuro nunca foi realmente seguro para nenhuma sociedade em época nenhuma, e já se registraram casos históricos de desespêro cultural. Mas se pudermos tomar como prova as atitudes observadas em períodos anteriores da nossa própria cultura, verificaremos que, de um modo geral, sempre prevaleceu a fantasia, universalmente aceita, de que o futuro era previsível e certo. Ainda que houvesse perigos pela frente, as providências específicas tomadas pelos mentores da sociedade, sem dúvida alguma, os evitariam.

Já não preponderam hoje em dia os profetas da segurança amplamente aceitos. Em lugar disso, grande parte da literatura atual transmite profecias de desgraça, análises retrospectivas dos erros da Humanidade, exposições da subestrutura neurótica dos valores e do comportamento contemporâneo e uma filosofia que se poderia sintetizar na frase: "Viva o dia de hoje, pois amanhã você pode ter-se evaporado". A filosofia existencial sustenta, enfàticamente, que a única realidade é o momento atual. Os cientistas se empenham repetìdamente em debates públicos sôbre se o gênero humano sobreviverá ou não à próxima guerra, ou às próximas provas atômicas, ou aos próximos cinqüenta anos de crescimento populacional. Da atitude geral se depreende que ninguém sabe o que fazer para impedir o *homo sapiens* de ir juntar-se aos dinossauros, e quem quer que acredite na existência de uma solução para êsse problema será provàvelmente encarado com condescendente ceticismo.

Seja isto ou não peculiar ao nosso tempo e à nossa cultura, o fato é que dificilmente se proporá aos adolescentes, e êstes dificilmente o aceitariam, o mito tranqüilizador de um futuro previsível. Quando a maioria dos adultos acredita no futuro, a crença proporciona aos jovens uma base para acreditarem também e buscarem identidades culturalmente contínuas, semelhantes às dos adultos. Mas quando os adultos se confessam perdidos, confusos, sem direção, não admira que os adolescentes, impelidos pelo empuxo da puberdade, repudiem com freqüência valores adultos e, de onde em onde, se entreguem a "orgias" de comportamento aparentemente sem sentido e às vêzes destrutivo. Releva notar, outrossim, que a própria cultura adolescente muda com vertiginosa rapidez. Para o aluno das escolas superiores de hoje, o bem humorado universitário de ontem é terrìvelmente obsoleto e para uma geração de Peace Corps o pária social estilizado, o *beatnik* está-se tornando ràpidamente *passé*. Dessarte, seja qual fôr a identidade que o adolescente está lidando por conseguir, talvez descubra que o tapête debaixo dos seus pés será puxado pela seguinte geração adolescente.

Deve estar claro, a esta altura, que algumas manifestações da adolescência não sòmente são específicas da cultura, mas também parcialmente causadas por ela. As considerações antropológicas comparativas podem dar-nos perspectiva, alertar-nos sôbre a arbitrariedade e a contingência com que boa parte da nossa cultura lida com a adolescência e até oferecer possíveis alternativas e modificações. A biologia da puberdade é universal, mas as reações humanas à puberdade ocorrem sempre dentro de uma cultura particular, e a adolescência só se torna plenamente inteligível através da tomada de consciência e compreensão da cultura que a cerca.

3

A PSICOLOGIA DA ADOLESCÊNCIA

Na adolescência, como em tôdas as outras fases da vida, o comportamento resulta da interação que se verifica entre o indivíduo e o meio. Os capítulos precedentes examinaram o aspecto biológico do desenvolvimento individual e o aspecto cultural geral do meio. Nêste capítulo, a discussão versará a dinâmica do funcionamento psicológico interno (intrapsíquico) [1] do adolescente e suas relações mais íntimas com as pessoas (relações de objeto). Como já ficou dito, as pessoas de maior importância para êle são os pais e os iguais. Entretanto, à medida que se encaminha para o estado adulto, êle se torna cada vez mais sujeito à influência direta e indireta de outros, e até de pessoas de culturas notàvelmente diferentes e geogràficamente remotas — observe-se, hoje, a possibilidade de que venha a servir no Peace Corps ou, irônicamente, nas fôrças armadas que combatem no Vietnã.

Os elementos primários que entram na dinâmica intrapsíquica são: as fôrças e exigências dos impulsos instintuais, sexuais e agressivos (o *id*); a parte medianeira, executiva, da personalidade, que utiliza o intelecto peculiarmente humano, a linguagem e outras capacidades na tarefa de manter o equilíbrio psicológico enquanto enfrenta as exigências

---

(1) Os parênteses neste parágrafo e no parágrafo seguinte indicam têrmos de psicologia psicanalítica usados neste relatório.

59

partidas do interior da personalidade e vindas do mundo exterior (o *ego*); o próprio sistema de valores do indivíduo, ou consciência, que engloba os conceitos do certo e do errado, os imperativos morais e os seus ideais (o *superego*). Foi o desenvolvimento anterior, infantil, do adolescente que lhe proporcionou a estrutura da personalidade, certas maneiras características de comportar-se e relacionar-se com outros (técnicas de adaptação e de defesa), e também certos conflitos implícitos.

A facilidade ou dificuldade relativas com que o adolescente passa por essa fase do desenvolvimento são determinadas, em grande parte, por sua experiência passada e pela natureza dos conflitos intrapsíquicos implícitos, que agora serão revividos. Antes de entrarmos na discussão da adolescência *per se*, é mister passarmos em revista os aspectos do desenvolvimento anterior particularmente relevantes à compreensão da adolescência.

O papel da experiência infantil

Na infância, a mais íntima relação das crianças de ambos os sexos se estabelece com a mãe. A mãe normalmente proporciona não só as primeiras experiências de alimentação mas também o desmame, o treinamento de toucador e as primeiras experiências disciplinares. É inevitável, portanto, que a criança venha a ser frustrada pela mãe e passe a nutrir por ela sentimentos mistos. Êsses sentimentos mistos de amor e ressentimento desempenham papel importante em todo o desenvolvimento infantil, pois significam que a criança nunca poderá sentir-se inteiramente a salvo ou segura em qualquer relação. E também lhe confirmam a tendência de usar sua capacidade de imaginação ou fantasia, em desenvolvimento, para deturpar o significado de algumas observações e experiências, quase sempre de maneira a emprestar-lhes implicações perigosas ou assustadoras.

Mais ou menos aos dois ou três anos de idade, as crianças procuram descobrir uma resposta para a sua curiosidade pelos motivos por que algumas pessoas têm pênis e outras, não. Embora nessa idade, ou numa idade anterior, a criança seja capaz de observar e anotar uma diferença sexual anatômica tão óbvia, por via de regra não conhece, nem poderia compreendê-los prontamente, todos os fatos relativos às diferenças sexuais (por exemplo, os órgãos sexuais internos da mulher). Conseqüentemente, tanto meninos quanto meninas, ainda que se lhes diga o contrário, propendem a imaginar que a mulher não tem pênis por motivos associados a uma lesão, a um castigo ou ao fato de não ser suficientemente amada pela mãe. Graças a essas fantasias e circunstâncias é que as crianças de ambos os sexos acabam manifestando o que os psicanalistas denominam complexo de castração.

O problema do complexo de castração se resolve de maneira diferente nos dois sexos. Na menina, a reação inicial pode ser a tentativa de negar a si mesma o fato de não ter pênis, e isto por períodos de tempo extremamente variáveis. Ela imagina, por exemplo, que o pênis ficou escondido dentro do seu corpo ou que crescerá e aparecerá mais tarde. Por outro lado, as meninas que aceitam muito prontamente a ausência do pênis, geralmente se preocupam, durante algum tempo, com as supostas razões da aparente falha anatômica, e sempre através de fantasias que deformam a realidade. Poderão também manifestar inveja do homem, mas isso varia igualmente em grau e duração.

Por haver acreditado antes que a mãe lhe estivesse frustrando os sentimentos de autonomia e onipotência, a menina se inclina agora a censurá-la por não ter pênis. Conseqüência importante é que, mercê do ressentimento contra a mãe, ela se volta para o pai como o nôvo objeto primário do seu amor. Isto lhe dá início à fase edípica, caracterizada por sentimentos vigorosos, tanto afetuosos quanto sexuais ou eróticos, em relação ao pai, com sentimentos ambivalentes e de rivalidade em relação à mãe.

No menino, a presença do valioso pênis suscita a possibilidade de que êsse órgão venha a perder-se, e assim se mantém vivo o complexo de castração. Os meninos se

61

defendem de várias maneiras contra essa possibilidade. Alguns, por exemplo, temerosos de qualquer espécie de ferimento físico, comportam-se passivamente, evitando a atividade física e os jogos violentos; outros negam inconscientemente os seus receios e mergulham de ponta-cabeça em atividades que tendem a ser atrevidas ou arriscadas, como trepar em árvores, saltar de lugares altos ou construir "fortes" subterrâneos.

No caso do menino, a sua precoce, afetuosa e dependente relação de amor com a mãe se complica, mais ou menos aos quatro ou cinco anos de idade, pelo aparecimento de emoções sexuais. Êle entra assim na fase edípica, análoga à da menina, mas com as emoções sexuais dirigidas para a mãe e os sentimentos de rivalidade dirigidos para o pai.

Nas condições mais favoráveis, a criança renuncia à estreita relação erotizada com o genitor do sexo oposto e a substitui por uma atitude dessexuada de ternura e afeto. Simultâneamente, todos os impulsos ou desejos incestuosos são firmemente reprimidos. E os sentimentos de rivalidade e, não raro, intensamente ambivalentes em relação ao genitor do mesmo sexo são substituídos pela identificação com êle. O estímulo para as mudanças é ministrado pelo tabu contra o incesto, pelo mêdo do castigo (castração) dos impulsos sexuais proibidos, e pela inevitável frustração dos desejos sexuais da criança em relação ao pai.

Quando renuncia aos seus desejos em relação ao pai, pode ser que a menina vacile, durante algum tempo, entre identificar-se com a mãe e regressar às interações infantis, dependentes e hostis com ela. Cumpre-lhe manter uma rígida inibição de suas necessidades infantis a fim de salvaguardar a relação nova e mais madura. Freqüentemente perdura o ressentimento contra a mãe e o conflito edípico não chega a uma solução decisiva. Fantasias que envolvem triângulos amorosos, a indicar que elas ainda são rivais inconscientes da mãe no que concerne ao pai, persiste, com freqüência, nas jovens durante a adolescência. Às vêzes, o

62

dilema edípico só se resolve plenamente depois que a môça se casa e tem o primeiro filho.

Quando o menino abre mão dos seus desejos em relação à mãe, não se sente ameaçado de regressão nem de volta à dependência, como acontece na renovada relação da menina com a mãe. O estabelecimento de uma relação mais forte com o pai lhe reforça a luta pela independência. Por outro lado, êle se sente apreensivo em relação à perda de sua relação infantil e dependente com a mãe. Se bem não possa recuperar a intimidade anterior com ela pode persistir, por um período muito mais longo do que a menina, em suas preocupações e comportamento característicos de fases anteriores de desenvolvimento. Isto acontece porque os remanescentes da sexualidade infantil não se associam à intimidade com o pai e, portanto, não precisam ser inibidos dessa maneira. Normalmente, o menino resolve o conflito edípico com mais decisão do que a menina.

Com a resolução do conflito edípico e o estabelecimento de uma identificação razoàvelmente firme com o genitor do mesmo sexo, a criança entra na fase de latência do desenvolvimento, caracterizada por um equilíbrio assaz estável dentro da personalidade, mantido através de uma aliança entre o ego e o superego, que, juntos, são capazes de controlar e atenuar os impulsos instintuais. Em certo período se julgou que a fôrça real dos impulsos decrescia na fase de latência, em confronto com as fases precedentes do desenvolvimento. Hoje se admite que a fôrça dos impulsos instintuais permanece essencialmente a mesma, mas que um ego mais forte sujeita os impulsos sexuais de modo a desviá-los de qualquer expressão direta. Ao mesmo tempo, o impulso agressivo pode ser prontamente expresso por exemplo, nas competições socialmente aprovadas e incentivadas dos anos do curso primário. Além disso, parte da energia do impulso sexual é provàvelmente desviada para os impulsos agressivos e absorvida por êles.

A fase de latência do desenvolvimento é característica da nossa cultura e, em certos sentidos, peculiar a ela. Existem culturas em que a preocupação e o comportamento sexuais são abertamente expressos pelas crianças no decorrer de todo êsse período de idade, que não difere apreciàvelmente dos anos anteriores nem da puberdade. Na cultura ocidental, porém, o padrão acima descrito parece ser a norma. A fase de latência proporciona uma trégua entre a fase anterior do desenvolvimento e a adolescência, quando o crescimento do ego se processa aceleradamente, à medida que consolida velhas funções e adquire novas para enfrentar os impulsos e adaptar-se social e intelectualmente.

Como já ficou dito, a menina em idade de latência, em sua identificação com a mãe, está relativamente livre de interêsses sexuais regressivos. Encaminha-se, portanto, mais depressa do que o menino, para a heterossexualidade. Encara a realidade do mundo externo, manifestando grande curiosidade pelo sexo, se bem que essa curiosidade, a princípio, não focalize necessàriamente o sexo oposto. Ao passo que em período precedentes da infância o seu interêsse se concentrava nas diferenças sexuais anatômicas, ela agora se sente atraída por funções sexuais como, por exemplo, a menstruação, a concepção, a maneira pela qual a criança cresce dentro do corpo.

Ao entrar na fase de latência, o menino começa repudiando as meninas, em parte porque não quer ser lembrado do estado delas, desprovidas de pênis, que, para êle, representa a prova de que a castração pode acontecer. Defende-se comumente dêsse mêdo voltando-se para outros meninos. A companhia de outros membros do mesmo sexo o tranqüiliza, e êle forma "bandos" ou clubes, dos quais se excluem, caracterìsticamente, as meninas. Por conseguinte, retarda-se a marcha do menino para a heterossexualidade, e êste é um dos fatôres que explicam a maior maturidade social e emocional da menina nos primeiros anos escolares.

O estudo de todos os precursores da resposta adolescente exigiria extensa recapitulação do desenvolvimento infantil. Entretanto, esta discussão seletiva do papel da experiência infantil deve bastar a transmitir a noção de que, embora se trate de uma fase específica por direito próprio, a adolescência faz parte de um processo contínuo de desenvolvimento e é substancialmente influenciada pelo que aconteceu antes.

Pré-adolescência

As progressivas mudanças no equilíbrio endócrino, que se vêm processando desde os 8 ou 9 anos de idade, resultam em vagas sensações físicas e excitações emocionais, perturbadoras e premonitórias das mudanças pubertárias que ainda estão por vir. Além disso, na pré-puberdade se registra característico aumento de atividade e quiçá de energia, muito provàvelmente na mesma base hormônica, biofisiológica. O aumento de energia nessa ocasião, contudo, não parece associar-se a nenhuma mudança significativa da fôrça do impulso sexual, como sucederá na puberdade. As crianças brincam agora com acrescentado vigor, mas revelam pouca alteração no comportamento em relação ao sexo oposto. Fator importante na psicologia pré-adolescente é a antecipação da puberdade pela criança, estimulada em parte pelos efeitos da pré-puberdade e, em parte, por uma tomada de consciência do que está por vir. O desenvolvimento e o comportamento dos adolescentes são observados de perto pelos pré-adolescentes, como o são as atitudes correlatas dos pais e da cultura.

Como já ficou dito, as atitudes para com a sexualidade em nossa cultura ocidental têm sido, na melhor das hipóteses, ambivalentes. De um lado, condena-se veementemente o prazer sexual e, de outro, expõem-se as crianças, em grau considerável, à sexualidade estampada em jornais, revistas, livros, cinema e televisão. Conseqüentemente, os pais tendem a encarar com ambivalência a aproximação da puberdade do filho ou da filha, e isso influi na sua maneira de prepará-los para a puberdade. De ordinário, discute-se a menstruação com as meninas, e a masturbação (mas com menor freqüência a ejaculação e as poluções noturnas) com os meninos. A maioria das crianças já terá feito algumas perguntas e recebido algumas respostas sôbre a anatomia e o funcionamento do sexo oposto, e sôbre a concepção. Mas geralmente se evitam o assunto do ato sexual e a questão das emoções sexuais e do prazer sexual.

Existe ainda um problema: os próprios pais que procuram dar úteis informações aos filhos propendem a comunicar-lhes também a sua ambivalência e o seu mêdo dos perigos da atividade sexual, em virtude da ansiedade e inquietação que os afligem. Outros pais evitam pura e simplesmente êsses assuntos, permanecendo calados. Muitos sistemas escolares ministram às crianças, em sua fase pré-pubertária, alguns ensinamentos sôbre temas sexuais mas, por via de regra, êsse esfôrço não é coordenado com os esforços dos pais, em casa. Em inúmeros casos, o esfôrço educativo deixa de representar ajuda significativa para a criança porque nem o genitor nem o educador tomam em consideração a necessidade que tem a criança de discutir e corrigir as informações e idéias amiúde deturpadas que adquiriu de outras crianças e pela atividade da própria imaginação.

Como dá a entender a discussão acima, a criança pré-adolescente está cheia de conflitos pertencentes ao sexo. Recebe informações a êsse respeito com sentimentos mistos de ansiedade e apreensão, graças em parte, às próprias fantasias deformadas. Inúmeras vêzes, informações sexuais recém-ministradas logo parecem esquecidas. A menina insistirá com a mãe, por exemplo, em que nunca lhe disseram coisa alguma sôbre menstruação, ainda que a última discussão a êsse respeito se tenha verificado um mês antes. Se a escola projetar um filme sôbre reprodução, a criança será, muitas vêzes, incapaz de assimilar corretamente as informações de modo que se lembre dos principais tópicos apresentados, se fôr inquirida mais tarde, naquela mesma noite, sôbre o filme a que assistiu. Em certas ocasiões, êsse fenômeno realmente surpreendente talvez se deva a uma fingida ignorância a serviço da discrição, por constrangimento provocado pelo assunto em pauta ou por submissão ao duplo padrão cultural. Amiúde, porém, representa a negação genuína, inconsciente, de um conhecimento capaz de gerar ansiedade.

Normalmente, a marcha para a puberdade se processa com rapidez. Não obstante, quase sempre se realiza em segrêdo, nas explorações sexuais privadas da criança e nas atividades e discussões dos grupos de iguais pré-adolescentes. Intensamente curiosas e ansiosas de conhecimentos sexuais, as crianças nessa idade os procuram em romances, revistas "de amor", revistas de "nu artístico" e livros de medicina, nas conversações secretas com os iguais, no exame dos próprios corpos e nas atividades à hora de dormir. Nos grupos de iguais existe quase sempre um irmão ou um amigo um pouco mais velho, evidentemente já entrado na puberdade, cujo corpo e cujos atos se observam e discutem com cuidado. Na intimidade dêsses grupos pouco se reprimem os impulsos sexuais. As atividades masturbatórias de grupo são comuníssimas entre meninos, quando se revela considerável interêsse pelo tamanho do pênis e pelas suas sensações. Tanto nos grupos de iguais masculinos quanto nos femininos existe especulação sôbre como serão as experiências sexuais da adolescência e do estado adulto. Tais especulações e fantasias partilhadas constroem-se, em parte, sôbre a realidade mas têm, com freqüência, uma sobrecarga de deturpações, rumôres e histórias absurdas, que chegam filtradas aos jovens depois de passarem por adultos, adolescentes mais velhos, livros, piadas, etc.. Tais pensamentos são caracteristicamente expressos com um misto de ansioso deleite e risadinhas apreensivas. Às vêzes, os grupos incluem ambos os sexos e mútua exposição e exploração dos órgãos genitais, porém o mais típico é separarem-se os sexos.

Como na fase de latência, o menino pré-adolescente também tende a sentir-se constrangido em relações mais chegadas com meninas. Propende também a procurar a companhia tranqüilizadora de outros meninos. Por outro lado, a evitação não é a sua única reação tocante a meninas. Principia a responder com interêsse ao já evidente interêsse da menina por êle, mas as suas emoções sexuais são geralmente disfarçadas por um comportamento arreliador e agressivo. É possível também que meninos nessa idade manifestem inveja da capacidade feminina de ter filhos. A contrapartida da menina truculenta, que inveja o menino, é o garôto que coleciona e cria animais, como camundongos e peixes tropicais, sendo que uma parcela importante do seu interêsse se concentra na reprodução sexual, na observação do nascimento e na acumulação da prole.

A menina pré-adolescente é tìpicamente agressiva e não muito feminina ao pretender atrair a atenção dos meninos. Registra-se, de ordinário, um ressurgimento de sua inveja anterior do homem, que pode refletir-se num comportamento masculino, agressivo, capaz de chegar à negação da feminilidade. Algumas meninas encontram uma solução conciliatória no papel da menina truculenta ou da amazona entusiástica, ao passo que outras se encaminham mais depressa para a feminilidade em papéis como o da "garôta--soquete" ou da aspirante a dançarina de balé.

Nessa fase, mudança característica em ambos os sexos é o aumento da atividade física, que em parte se deve ao aumento de energia, mas que é também expressão da ansiedade ligada à puberdade próxima e à revivescência de conflitos de fases anteriores do desenvolvimento. Existe uma vigorosa necessidade de vazão para o alívio da tensão. Geralmente se observa um aumento do apetite, que beira, às vêzes, a voracidade e tem, talvez, raízes tanto fisiológicas quanto psicológicas. Mudanças hormônicas dão início ao aumento de tamanho, que precisa ser sustentado pela alimentação; de mais a mais, comer é uma forma de afrouxar a ansiedade e a tensão. Pode ocorrer também o revivescimento da luta entre o desejo de dependência da mãe e o anseio de independência. Isto explica a regressão no comportamento, caracterizado pelo desleixo e pela sujeira, por mostras provocativas de humor de "banheiro" e por um avolumar-se do negativismo, da teimosia, da rebeldia e da desobediência.

Algumas crianças tentam ignorar e negar as inquietações pré-pubertárias, procurando controlá-las com técnicas de supressão e repressão. Aferram-se às técnicas adaptativas de latência como se pretendessem adiar as mudanças iminentes. Outras reagem com um comportamento regressivo. Por exemplo, uma machucadura sem importância provoca lágrimas e lamúrias num menino que, por muito tempo, ignorara um acontecimento dêsses; e êle, de repente, passa a comportar-se como um verdadeiro garotinho. De idêntica maneira, algumas meninas pré-pubertárias insistem em usar roupas de menininhas. De um modo geral, a repressão é uma defesa menos patológica do que a negação, visto que se trata de uma resposta franca e mais prontamente reversível às mudanças biológicas que se iniciam. Outras crianças ainda esperam a puberdade e recebem-na com alegria. Parecem dispostas a crescer depressa, não raro depressa demais ao ver dos adultos. Em certas ocasiões, entretanto, essa árdega aceitação da puberdade é patológica e serve principalmente para resolver, pela fuga um conflito com os pais. A "maturidade" precoce, na realidade, é uma fuga para a pseudo-adolescência e para a pseudo-heterossexualidade. Mas temida ou bem recebida, a puberdade acaba chegando e a sua arremetida impele a criança para um nôvo desenvolvimento psicológico.

O início e o fim da adolescência

O INÍCIO

A adolescência começa com a puberdade. À medida que ocorrem as mudanças de puberdade, ocorrem as mudanças correspondentes da personalidade, que nem sempre se revelam necessàriamente no comportamento manifesto. Existe considerável variação na maneira pela qual os indivíduos se avêm com os acontecimentos da puberdade. As meninas, por exemplo, poderão enfrentar a menstruação de maneiras muito diversas. Uma menina tentará negar a si mesma que isso tenha acontecido e, conseqüentemente, não manifestará ansiedade nem qualquer outra reação notória ao fluxo menstrual. Outra lidará com o mênstruo da mesma maneira básica, porém revelará maior truculência; negará que as regras tenham chegado e comportar-se-á como se não se estivesse transformando em mulher. E outra ainda receberá com alegria a menstruação como sinal evidente de maturação sexual.

Ainda que a menina negue a menarca, bem como outros sinais da puberdade, e o seu comportamento patente não se altere, sem embargo disso ela terá ingressado na adolescência. Por outro lado, quando o início da puberdade é retardado até quinze ou mais anos, a compreensível preocupação pela demora no desenvolvimento físico não constitui problema de adolescente, consoante a nossa definição do início da adolescência.

AS FASES

A adolescência pode dividir-se em duas fases principais. A primeira se inicia pelo aumento do vigor das fôrças instintuais. A criança experimenta, de repente, vigorosos impulsos eróticos e agressivos, que não parecem vir de parte alguma e querem expressar-se. O menino que sempre fôra indiferente ao espetáculo das roupas íntimas da irmã jogadas pela casa, agora principia a acalentar fantasias e emoções sexuais, que geram prazer, sentimentos de culpa, vergonha e confusão. Além disso, sente que não se atreve a falar com ninguém a respeito. O seu equilíbrio emocional está perturbado, como o evidenciam os repetidos aparecimentos dêsses impulsos (por exemplo, espiando a irmã no quarto dela, estendendo o braço para tocar-lhe o corpo), ou a severidade e o rigor dos meios empregados para controlá-los (por exemplo, intensas ondas de sentimentos de culpa e autocondenação). No meio de tantos conflitos, o menino poderá provocar uma briga com a irmã, poderá ir à igreja e confessar-se, poderá masturbar-se ou poderá sofrer em silêncio — mas poderá também fazer tôdas essas coisas. O ego é contìnuamente ameaçado e, não raro, momentâneamente abatido. Na tentativa de restabelecer o equilíbrio e manter o contrôle, êle precisa gastar energia em excesso, pagando às vêzes o preço da rigidez, da perda da espontaneidade e da inibição das faculdades intelectuais. Êstes últimos fatôres talvez explique "o fracasso do sétimo ou do oitavo ano" descrito pelos educadores.

A primeira fase da adolescência costuma terminar, aproximadamente, aos 16 anos e é seguida de outra em que a balança do poder entre o ego e o id pende em favor do ego. Os fatôres que causam a mudança ainda são confusos, mas podem-se oferecer várias explanações possíveis. 1) Talvez se registre maior regularização e estabilização dos processos hormônicos e biológicos fundamentais. 2) O mêdo e o pânico, que acompanham o início da puberdade, talvez diminuam consideràvelmente à proporção que o ego, ainda em desenvolvimento, alcança dominar os novos impulsos, sente-se menos ameaçado e entra a funcionar mais eficazmente. Exemplo disso seria a mudança dos arrebatamentos e explosões, que se observam aos 13 ou 14 anos, para as tentativas ulteriores de empregar a lógica e a argumentação racional no atingimento das metas colimadas. 3) Normalmente se verifica importante mudança no interêsse amoroso. O namôro começou e o jovem renuncia à intimidade anterior com os pais, dirigindo tanto as necessidades de dependência quanto as emoções sexuais para o namorado ou a namorada. Pôsto que de início colorida ainda por motivos incestuosos inconscientes, essa mudança, não obstante, diminui o conflito intrapsíquico e é um passo importantíssimo para a escolha final do parceiro matrimonial. 4) O ego principia a utilizar sua aumentada capacidade nas formas mais elevadas de pensamento abstrato, recém-propiciado, aparentemente, pela maturação biológica adicional. Como parte do seu comportamento de enfrentação, o adolescente começa a raciocinar e argumentar, por exemplo, sôbre a validade de Deus e da religião ou sôbre as vantagens do celibato ou do amor livre numa sociedade ideal. Começará assim, a lidar com os impulsos instintuais mais através de fantasia e do pensamento que dos atos impulsivos ou da excessiva inibição.

A observação de que o adolescente, dos 16 anos em diante, entra a ocupar-se, de maneira personalíssima e amiúde intensa, de questões filosóficas como o significado da vida e da morte, de religião e de questões políticas e sociais, também corrobora a divisão da adolescência em duas fases. Ao mesmo tempo, essa observação se liga ao fato de que o adolescente nessa idade é quase sempre muito mais sensível à razão e à discussão, à psicoterapia ou à psicanálise, do que o adolescente mais jovem. O adolescente mais velho não tem tanto mêdo dos seus impulsos sexuais e agressivos, e pode estar disposto e até ansioso para juntar-se ao analista na tarefa de ajudar-se a si mesmo. O ego ganhou uma orientação diferente em relação às fôrças do id, e o adolescente começa a usar suas faculdades de auto-observação e auto-avaliação e suas faculdades intelectuais ao procurar compreender-se. Conquanto exista maior estabilidade psicológica na segunda fase da adolescência, o desequilíbrio, não obstante, continua. Conseqüentemente, continua a oportunidade de mudança interior, mas agora com a ajuda da reflexão ponderada e da experimentação planificada.

Uma das características únicas da adolescência, em ambas as fases, é a alternação, que se repete, de episódios de comportamento perturbado e períodos de relativa quietação. Tais episódios possuem a natureza da rebelião e da experiência. Momentos há em que os impulsos e necessidades instintuais assumem ascendência sôbre os contrôles do ego e do superego. Em resultado disso, observa-se com freqüência uma explosão temporária e essencialmente normal de comportamento mais primitivo. Dali a pouco, os impulsos instintuais voltam a ser controlados, as tensões se aliviam e restaura-se o equilíbrio das fôrças. Durante o resultante período de quietação surge a oportunidade de reflexão sôbre o que aconteceu, e o ego adquire fôrça adicional, através do domínio da nova experiência.

Êsses episódios e os períodos subseqüentes de calma, às vêzes, dura apenas poucos minutos ou horas, mas podem prolongar-se também por meses a fio. Um episódio de breve duração é ilustrado pela reação de um menino de 15 anos de idade, normalmente muito tímido e que tinha mêdo de revelar seus sentimentos. Fazia já algum tempo que se sentia atraído por uma jovem e, sob a influência de emoção de cordialidade e excitação, numa festa de Ano Nôvo, confessou-lhe que a amava. Como ela não levasse a sério a declaração, êle, magoado, embezerrou e jurou que nunca mais amaria mulher alguma. No dia seguinte, porém, compreendeu que seria absurdo esperar que a jovem tivesse acreditado na sua sinceridade e resolveu, então, marcar nôvo encontro com ela.

Episódio de maior duração é exemplificado pela experiência da môça de 18 anos que, por iniciativa própria, participou de uma excursão de verão pela Europa, sua primeira separação prolongada dos pais. Em circunstâncias de extrema liberdade e nenhuma vigilância, cedeu aos próprios impulsos e acompanhou as outras môças do grupo no seu comportamento "desregrado", que incluía a ingestão de bebidas alcoólicas a ponto de embriagar-se. Manteve relações sexuais com um homem que mal conhecia e sentiu-se profundamente culpada e cheia de remorsos. Ao voltar para casa, anunciou que decidira passar as férias do verão seguinte com a família. Durante o ano escolar teve um namorado firme e comportou-se de maneira assaz conservadora, mantendo-se afastada tanto do álcool quanto do sexo. Em todo o correr do ano, a intervalos, refletiu sôbre as experiências do verão passado na Europa. À proporção que diminuíam os sentimentos de culpa, veio a reconhecer uma relação de causa e efeito entre o que havia sido uma conformidade e uma dependência excessivas e o seu comportamento exagerado, rebelde, do ano anterior. Ao terminarem as férias do verão seguinte, foi capaz de assumir a responsabilidade por si mesma, pelos seus padrões e pelo seu comportamento com perfeita maturidade.

O FIM

A adolescência chega ao fim quando o desequilíbrio psicológico da segunda fase é substituído por um equilíbrio relativamente estável. Como fase do desenvolvimento, a adolescência termina nesse ponto, sejam de boa ou má adaptação os padrões cristalizados no equilíbrio final. Do ponto de vista da estrutura da personalidade, o adolescente terá conseguido um equilíbrio razoável entre o ego, o id e o superego. Idealmente, o superego facilita a adaptação à realidade social sem excessiva proibição das necessidades instintuais, e o ego é capaz de controlar os impulsos instintuais enquanto ainda tem pronto acesso à energia e ao potencial criativo dêles.

A luta do adolescente, porém, também pode ser resolvido por meios patológicos. Alguns indivíduos vivem êsses anos com um mínimo de convulsões. Mantêm um *status quo* em que o id é dominado por uma rígida aliança entre o ego e o superego, sustentada, às vêzes, por seu turno, por pais excessivamente controladores. Êsses jovens são amiúde considerados "muito bons" e podem ser apresentados a outros adolescentes como o modêlo ideal. Não experimentaram as mudanças construtivas que normalmente ocorrem na adolescência. Embora adultos na idade, são emocionalmente imaturos.

Outros indivíduos experimentam o que já se descreveu como adolescência "prolongada". O fim é acentuadamente retardado porque os conflitos e o comportamento típico da adolescência persistem e se transformam num "modo de vida". A adolescência prolongada geralmente acaba, mas há casos em que continua indefinidamente.

Em muitos casos, o término da adolescência se verifica pelo estabelecimento de uma neurose, de um distúrbio de caráter ou de um distúrbio psicótico marginal. Embora seja, às vêzes, estável, o equilíbrio assim conseguido é fácilmente ameaçado e talvez se requeira muita energia psíquica para mantê-lo. A conseqüência dessas moléstias é uma diminuição da flexibilidade, da adaptabilidade e da produtividade. A adolescência, contudo, já terá passado.

Urge destacar que a mudança do desequilíbrio para o equilíbrio, como sinal da transição entre a adolescência e o estado adulto, é apenas uma distinção relativa. O equilíbrio entre as fôrças intrapsíquicas dificilmente voltará a ser tão instável quanto na adolescência, mas também nunca será completamente estável. O estado normal não é um estado de estase, senão de tensão dinâmica, que permite a espontaneidade, a criatividade e a flexibilidade no enfrentamento dos desafios que se sucederão na vida adulta.

As mudanças fisiológicas da puberdade, que iniciam a adolescência, estabilizam-se, mais ou menos, aos 16 anos. Isso costuma acontecer muito antes que se registre um equilíbrio equivalente das respostas emocionais e psicológicas. Pode-se dizer, portanto, que a adolescência como fase do desenvolvimento humano tem um princípio biológico e um término psicológico.

A primeira fase da adolescência

Na primeira fase da adolescência êsses traços de comportamento característicos da pré-adolescência ainda são manifestos e até mais acentuados. O aumento da atividade, o aumento da agressividade, a diminuição da dependência do mundo adulto (sobretudo do mundo dos pais), e o maior âmbito da interação social continuam a crescer sem nenhuma demarcação nítida entre a pré-adolescência e a adolescência.

O IMPACTO DA PUBERDADE

O sinal mais evidente de transição é o desabrochar da maturação física, ocasionado pelo grande aumento dos hormônios sexuais específicos (veja o Capítulo 1). As mudanças físicas, tão notáveis para os outros, geram também intensíssima preocupação para o jovem pubescente. O súbito crescimento geral do corpo, o aumento de tamanho dos órgãos genitais e o gradativo aparecimento dos caracteres sexuais secundários são, ao mesmo tempo, desejados e temidos. De idêntica maneira, o aparecimento da menstruação na menina e da ejaculação no menino, e de uma capacidade biològicamente madura de orgasmo em ambos os sexos, causa apreensão mas, simultâneamente, traz consigo a excitante promessa do funcionamento adulto. As mudanças da puberdade estimulam e tornam inevitáveis novas respostas do adolescente e do seu meio.

Com o advento da plena puberdade, o reprimido intêresse sexual pelos pais, os reprimidos desejos incestuosos e fantasias correlatas forcejam por surdir à superfície da consciência. E se não fôssem refreados intrapsìquicamente, êsses impulsos resultariam numa fraca emoção sexual dirigida para os pais. Aqui entram em ação o superego e o tabu do incesto, já desenvolvido anteriormente. Por via de regra, tais impulsos são bloqueados antes de poderem tornar-se conscientes, sendo mobilizado um exército de defesas do ego a fim de mantê-los à distância. Os jovens, por exemplo, dão mostras agora de acentuado aumento de recato e, de ordinário, não deixam que o pai ou a mãe permaneçam no quarto enquanto êles, os jovens, se vestem; podem achar revoltantes ou repugnantes as piadas dos pais com implicações sexuais; vêem como insípidos e antiquados os gostos e a aparência dos pais; e êstes tendem a ser considerados desinteressantes e incompatíveis. É muito freqüente que os melhores esforços envidados pelo ego sejam insuficientes em face da energia dos impulsos; a tentação do interêsse erótico pelos pais continua a ameaçar. O menino talvez vislumbre de relance a mãe tomando banho ou a menina pode ver o pai se despindo e, de repente, pensamentos não desejados entram a bradar por atenção. O jovem poderá explodir "sem motivo algum" e a vida ao seu lado tornar-se difícil. À medida que aumenta a tensão resultante de conflito interior, conturba-se o equilíbrio id-ego-superego, e o ego é fortemente pressionado em seus esforços por manter, ao mesmo tempo, o equilíbrio e uma boa relação com o mundo exterior.

No início da adolescência, o ego responde ao surto das energias sexuais e agressivas como se êste fôsse, ao mesmo tempo, um perigo e uma vantagem. É uma fonte de ansiedade porque incentiva a manifestação dos impulsos sexuais e agressivos. Por outro lado, o aumento de energia é benéfico porque também se coloca à disposição do ego para finalidades construtivas e integradoras, e contribui para a grande elasticidade e capacidade de recuperação do adolescente.

O ímpeto pubertário é freqüentemente recebido, pela primeira vez, com uma tentativa de escorar as defesas existentes. Ao tentar enfrentá-lo o ego pode empregar uma ou tôdas as técnicas de defesa e adaptação adquiridas durante as fases anteriores do desenvolvimento. Usará uma defesa particular com persistência durante algum tempo antes de empregar outra, ou empregará diferentes defesas, uma depois da outra, em rápida sucessão, de modo que o comportamento do adolescente parece extravagante.

Um menino na puberdade manifesta de repente, apaixonado interêsse por algum *hobby* que, antes disso, só o atraía superficialmente. Passa, por exemplo, a comer, beber e a dormir modelos de automóveis e a levar uma vida social ativa, ainda que limitada, com outras pessoas que partilham o mesmo interêsse. De repente, os pais se dão conta de que raramente o vêem: êle fica todo o tempo de folga na oficina montada no porão ou em casa de amigos. Ou pode ocorrer também a situação inversa. Um jovem que tenha tido um padrão estável e bem desenvolvido de atividade escolar e de *hobbies* começa a enfastiar-se de tudo e a queixar-se constantemente. O tédio, porém é apenas uma defesa contra os conflitos e as tensões internas, vigorosas, e êle, de improviso, poderá atirar-se a uma nova atividade; mas chegará à conclusão de que é uma atividade estúpida e mudará para outra coisa.

A MARCHA PARA A INDEPENDÊNCIA

Mais cedo ou mais tarde, o adolescente procura resolver o seu dilema mediante um afastamento parcial, mas significativo, da relação emocional com os pais. Essa manobra dá início a uma série de mudanças que são, ao mesmo tempo, perturbadoras e necessárias ao desenvolvimento para o estado adulto. Existe menos dependência dos pais e menos aceitação do seu apoio emocional. Decresce a influência das atitudes e valores dos pais, não só os expressos correntemente, mas também os interiorizados durante o desenvolvimento anterior, através da identificação com os pais. Disso decorre que, no momento em que necessita muitíssimo de ajuda, o jovem perde uma boa dose de opoio. E porque a imagem que faz de si mesmo e do mundo foi determinada, em grande parte, pela estabilidade da sua relação com os pais, sente-se ameaçado e confuso.

O mais importante, contudo, é que o afrouxamento dos antigos laços também enseja a oportunidade de reexaminar os padrões de defesa e adaptação que, embora apropriados na infância, não se acomodam tão bem ao funcionamento adulto. Com a diminuição da influência de identificações anteriores, segue-se a reavaliação, a comprovação da realidade dos pais e de suas atitudes. Existe, portanto, a possibilidade de uma mudança desejável da personalidade como parte do desenvolvimento normal do adolescente. Durante a fase de latência, as crianças aceitam sem discussão os juízos dos pais acêrca das pessoas que "prestam" e das que "não prestam"; chegadas, porém à puberdade, contestam êsses juízos e, caracterìsticamente, travam relações com pessoas desaprovadas pelos pais. Isto é útil ao adolescente não só para se distanciar um pouco dos pais, mas também para proporcionar ocasião de pesar e pôr à prova o que antes aceitava sem discussão. Há o exemplo da jovem de "boa família" que parece gingar o tempo todo e insiste no seu direito de andar com os "hippies". O mais provável é que ela tente estabelecer contactos dêsses gênero apenas temporàriamente para depois chegar à conclusão de que não se sente à vontade entre êles — mas, o que é importante, essa agora é a sua decisão, baseada na própria experiência. Alguns adolescentes levam "vida dupla", tentando conciliar as velhas atitudes com as novas percepções. Observe-se, por exemplo, o jovem capaz de "persuadir" os pais e outros adultos de que é um "bom" menino, mas que é conhecido entre os iguais como "pinta brava"; ou o caso inverso do rapaz visto pelos pais como "pinta brava" mas que, para os iguais, é um "quadrado".

O afastamento dos pais normalmente causa uma espécie de reação de pesar ou episódios de depressão no adolescente. Psicològicamente, isto equivale a chorar a perda real de um ente querido. Mas como os pais, de fato, estão presentes, a causa da depressão é obscura tanto para êstes quanto para o adolescente, e é provável que seja simplesmente rotulada de "melancolia". Os sentimentos de solidão e isolamento assim causados podem despertar um intenso desejo de satisfação pessoal, que conduz o adolescente a comer mais ou a masturbar-se. Essas atividades, por seu turno, propendem a ser seguidas de atitudes de autocondenação e desespêro, que acentuam os sentimentos de depressão. Evidencia-se uma reação compensatória a nos arroubos de júbilo e exaltação que acompanham o descobrimento de novos objetos de amor. Em grande parte, as mudanças de humor dos adolescentes estão diretamente relacionadas com o travamento e o rompimento de relações, seja na realidade, seja apenas em imaginação.

Incapaz de permanecer estreitamente dependente dos pais, e emocionalmente angustiadíssimo, o adolescente reage às vêzes, à sua divisão inferior com o mêdo de estar ficando louco. Desesperadamente necessitado de novas relações que o apóiem, volta-se para outros fora da família imediata e à procura de limites para o seu comportamento, de orientação e identificação. Estabelece ligações transitórias, mas não raro intensas, e "se apaixona" por uma série de adultos, professôres, treinadores e conselheiros de campo. Trava com alguns dêles relações genuínas. Com outros, como celebridades admiradas a distância, as relações só existem na imaginação. Nessas identificações ocorre a "experimentação" de muitos modos diferentes de comportamento, atitudes e valores. Em cada identidade experimental a individualidade do jovem se acentua pelo descobrimento de alguns modos que lhe parecem convir e outros que lhe são estranhos.

Não obstante, as relações com adultos são também percebidas como potencialmente perigosas, em razão do mêdo de perder a individualidade e a identidade próprias. A própria atração exercida por um adulto admirado e a intimidade com êle criam a ameaça de que a identidade firmemente estabelecida e mais forte dêste último venha a esmagar e subordinar a identidade tentativa, indefinida, do adolescente. Além disso, a relação do adolescente com qualquer adulto contém os resíduos de desejos, ainda não resolvidos, pelos pais e de conflitos com êles. As novas relações, muitas vêzes, são precipitadamente abandonadas pelo adolescente, para surprêsa, mágoa e perplexidade do "ídolo".

O afastamento dos pais é comumente facilitado pelo cerceamento da autoridade paterna: nada do que dizem ou fazem é aceitável ou mesmo digno de consideração. A obediência infantil aos desejos e padrões paternos opõem-se totalmente ao estabelecimento da individualidade. Alguns adolescentes se rebelam e logo se tornam independentes dos pais; outros se afastam com grande dificuldade, conquanto lutem contra os laços que os prendem a êles; e outros ainda permanecem dependentes e ligados à família, enquanto criam uma ilusão de independência comportando-se negativistamente, convertendo amor em ódio e admiração em desprêzo. O adolescente, portanto, não é sincero no seu afastamento dos pais e nas suas tentativas de cortar os laços e a dependência paternos. Precisa também desesperadamente dos pais, deseja o seu amor e os seus cuidados e, muitas vêzes, reluta em assumir a independência e as responsabilidades correspondentes. O impulso regressivo para resolver conflitos de puberdade retornando aos lembrados confortos da infância luta por muito tempo com a necessidade progressista, mas assustadora, de romper os laços paternos.

Por tôdas essas razões, o comportamento do adolescente na primeira fase de adolescência em sua casa é turbulento, com períodos reiterados de negativismo e rebelião, seguidos de intervalos de amenidade e cooperação. A jovem que, à tarde, prova uma violenta cena de família, exigindo que lhe permitam sair de automóvel sòzinha com rapazes, talvez deseje, naquela mesma noite, que os pais a ponham na cama e a beijem antes de dormir. A princípio, a rebelião tende a ser essencialmente verbal. Com as reiteradas auto--afirmações, entretanto, o esfôrço do adolescente para alcançar a independência tende a assumir forma de ação, às vêzes rebelde, às vêzes construtiva.

O GRUPO DE IGUAIS

Na caminhada da infância para o estado adulto, o adolescente encontra uma parada temporária com outros da sua espécie. O grupo de iguais lhe proporciona um sentido de relação íntima e um sentimento de fôrça e poder muito importante para êle. A fim de ingressar no grupo o jovem tende, amiúde, a conformar-se completamente com a indumentária, o corte do cabelo, o gôsto musical e coisas semelhantes. O grupo de iguais, grandemente ampliado pelos modernos meios de transporte e comunicação, hoje constitui uma "cultura" adolescente, com sua linguagem, seus costumes, suas instituições sociais, seus modos e métodos de resolver problemas, e suas filosofias (veja o Capítulo 2). A discussão de tôdas as características dessa "cultura" é uma tarefa pràticamente sem fim, mas alguns exemplos ilustrarão o papel das fôrças dinâmicas que lhes modelam a forma e a função.

A adolescência é um período em que o telefonar e o dançar são importantíssimos. É evidente que as duas atividades estão ligadas à pressão para as relações amorosas, e ambas revelam, com efeito, a necessidade de transigência que é a marca distintiva das relações entre o rapaz e a môça na primeira fase da adolescência. O rapaz ou a môça falando ao telefone exibem uma série de posturas e contorções físicas: com a cabeça para baixo e os pés para cima; deitados no chão; trepados e esparramados numa poltrona; ou presos de uma tensa e têsa atenção. As torções e contorções são de natureza erótica. A própria conversação varia muitíssimo. Pode consistir num "pingue-pongue" em que se trocam tôdas as espécies de observações de duplo sentido, ou um relato interminável das atividades do dia. Partilham-se mexericos; pedem-se e recebem-se conselhos;

81

planejam-se encontros, marcam-se e desmarcam-se; e discutem-se vários pormenores de experiência pessoal e social. A quantidade de tempo empregado é realmente extraordinária, e freqüentemente se mede mais em horas do que em minutos.

O telefone é o instrumento ideal para a distância física e a proximidade erótica simultâneas. Uma voz nos fala intimamente ao ouvido e um ouvido nos pende dos lábios e, sem embargo disso, não existem complicações possíveis ainda que se afrouxe um pouco o contrôle das nossas emoções sexuais. De mais a mais, o telefone proporciona ao adolescente um meio maravilhoso de satisfazer à necessidade de fugir dos pais para os iguais sem precisar sair de casa. Basta-lhe chamar um igual e ei-lo transferido de um mundo para o outro, escapando a um envolvimento familiar demasiado estreito pelo simples fato de voltar-se para outros nas mesmas circunstâncias.

A dança tem ocupado um lugar central nos costumes de muitas culturas. A rítmica atividade física da dança satisfaz a uma série de necessidades. Há o deleite proporcionado pela simples realização do movimento físico, e a sensação de alívio que advém da descarga das tensões na atividade. Por outro lado, a dança proporciona um meio de expressar impulsos sexuais e agressivos mais específicos, tanto em forma simbólica quanto em ação. A dança pode ser um afrodisíaco, uma parte das carícias preliminares que constituem o primeiro passo para a união sexual. Na "cultura" adolescente serve a qualquer um ou a todos os propósitos acima enumerados. Mas a dança oferece ao jovem uma descarga incompleta da tensão sexual e essa é uma das razões por que as formas ou "estilos" de danças mudam constantemente, havendo ocasiões em que um tipo de dança é substituído por outro com pasmosa rapidez. De certo modo, tôdas as formas de dança que envolvem ambos os sexos enfocam a meta da satisfação sexual, quer a alcancem quer não.

Além disso, para a maioria dos adolescentes, é importante que essa meta não seja alcançada. Os recém-entrados na adolescência, sobretudo, estão despreparados para o coito e necessitam mobilizar defesas contra a excessiva estimulação sexual, ao mesmo tempo que procuram expressar emoções sexuais. Assim como o telefone é um instrumento de transigência, quase tôdas as danças oferecem também um meio de fundir o impulso e a defesa. Inúmeras danças atuais possuem uma qualidade sexual inusitadamente patente em seus movimentos. A bacia que gira, os quadris que se projetam e as coxas que se mexem executam movimentos flagrante e indisfarçàvelmente eróticos. Ao mesmo tempo, as "regras" dessas danças exigem que os dançarinos raramente se toquem é nunca se abracem. Podem expressar-se os impulsos sexuais e pode representar-se o coito simbòlicamente, mas os jovens estão guardados do perigo de um estreito contacto físico.

Existem muitos outros fenômenos que se poderiam discutir. Por exemplo, a linguagem do adolescente com a sua busca do diferente, do único e também com a sua pitada adicional de estimulação e excitação; as roupas e o corte de cabelo, com o seu tom de novidade e exibicionismo; e as cartas e composições poéticas. Grande variedade de formas expressa a intensa necessidade que têm os adolescentes de amar, evitando, porém, a estimulação excessiva; de separar-se e estremar-se dos pais, encontrando, porém, contrôles adequados; de se considerarem únicos, sentindo-se, porém, envolvidos pelo grupo de iguais; de expressar-se e mostrar-se ao mundo, conservado, porém, um "espaço interior", secreto e pessoal, inviolado.

A MASTURBAÇÃO

A masturbação se converte em preocupação central no início da adolescência, mais para os rapazes do que para as môças. Entretanto, as jovens adolescentes que se masturbam com regularidade estão sujeitas aos mesmos sentimentos de culpa e à mesma ansiedade dos rapazes. Elas podem ser mais reservadas do que êles por se sentirem mais envergonhadas, mas os adolescentes de ambos os sexos são pro-

83

fundamente perturbados por conflitos atinentes à masturbação, não só consciente mas também inconscientemente. Em nossa cultura abundaram os rumôres sôbre as nocivas conseqüências da masturbação, e a êles dão credibilidade as atitudes dos pais, que, de um modo geral, têm reprovado e proibido a sexualidade. Além disso, as crianças geram seus próprios mêdos e idéias falsas sôbre masturbação. Com o aumento da atividade masturbatória que começa na puberdade, revivem as antigas fantasias de fases anteriores do desenvolvimento para complicar as novas, apropriadas à idade, e intensificar os conflitos e sentimentos de culpa.

Os sentimentos incestuosos redivivos, aliados ao mêdo da castração retaliativa, resultam quase sempre numa preocupação hipocondríaca com os órgãos genitais. Os meninos adolescentes se preocupam muito com a descarga do fluido seminal e constroem suas próprias fantasias a respeito do seu significado. Espreitam ansiosos, sinais de danos depois da atividade masturbatória. A descarga de fluido seminal após a ejaculação nem sempre é compreendida como fenômeno normal, e o seu escoamento decorrente da excitação sexual pode ser tomado como indício de que "há algo errado nas válvulas internas do pênis". A ejaculação é às vêzes interpretada como irreparável desperdício de virilidade, um esgotamento da finita masculinidade e da capacidade reprodutora da pessoa. Se os impulsos sexuais e agressivos estiverem confusamente entrelaçados, o líquido ejaculado pode até ser considerado como veneno perigoso e destrutivo. O aumento pubertário normal do tamanho do pênis e dos testículos atribui-se às vêzes, falsamente, à exagerada "manipulação" dêsses órgãos e é encarado como prova de dano. A crença oposta de que os órgãos genitais são demasiado pequenos e jamais atingirão o tamanho masculino completo também pode ser atribuída à masturbação. A conseqüência final dos prejuízos provocados pela masturbação, no entender de muitos adolescentes, é a perda prematura da potência sexual. As meninas, da mesma forma, lhe atribuem tôda a sorte de funestas conseqüências. Entre elas figuram a esterilidade prematura, órgãos genitais defeituosos e perda de valor como parceira matrimonial. A descarga vaginal normal pode ser considerada, com suma preocupação, prova de que a pessoa se machucou e danificou.

Como há pouco dissemos, às fantasias masturbatórias podem mesclar-se confusamente elementos sexuais e agressivos. Assim as fantasias sexuais se impregnam de violência e as fantasias agressivas provocam excitação sexual. Essa mistura ou fusão explica em grande parte a ausência relativa, ou completa, de ternura como componente da atividade e das fantasias sexuais no início da adolescência.

Tôdas as várias conseqüências atribuídas à masturbação derivam, visìvelmente, do mêdo da castração. Êsse mêdo é reforçado pela crença, vinda dos primórdios da infância, de que os pais são oniscientes. Existe a preocupação de que a atividade sexual proibida virá a ser, de um modo ou de outro, conhecida do mundo. O adolescente se aflige com a idéia de que o seu vergonhoso segrêdo é revelado por suas espinhas, pelo vulto de uma ereção espontânea, pela sonsice dos seus olhos ou pela sua demora exagerada no banheiro. Êle receia estar sendo condenado em silêncio, e sua expectativa de zombaria e humilhação ajuda a explicar o excessivo embaraço, o constrangimento, o afastamento, a autodepreciação, que tão amiúde se observam nos adolescentes mais jovens. Por outro lado, os sentimentos de culpa e o mêdo podem ser negados e defendidos por um comportamento que inclui trajes exibicionistas, excessiva desenvoltura e o jactar-se, diante dos iguais, de proezas masturbatórias.

Sem embargo de tudo isso, a masturbação é uma atividade essencialmente normal. Resposta normal ao maior desenvolvimento sexual, é necessária ao contrôle e à integração de novos impulsos e à elaboração de novas relações através de atuações experimentais, levadas a efeito pela imaginação. Serve para experimentar novas capacidades biológicas, para tranqüilizar sôbre o complexo de castração, visto que o órgão ainda está lá, funcionando, e para eliminar temporàriamente os problemas aumentados nas relações com as pessoas. É usada também para aliviar tensões de origem sexual ou não. Tanto a masturbação em demasia, quanto a completa abstenção dela podem ser sintomas de uma psicopatologia fundamental, que precisa ser estudada, mas a masturbação por si mesma não ocasiona distúrbios mentais primários. Entretanto, mesmo depois de informados da natureza normal da masturbação, os jovens ainda sofrem aflições consideráveis em razão das suas fantasias, das suas emoções e das suas preocupações sôbre o mal que poderiam causar a si mesmos.

A maneira pela qual o adolescente faz experiências com o orgasmo como clímax da masturbação ilustra o modo por que esta serve ao desenvolvimento normal. O adolescente aprende que a excitação sexual, o ingurgitamento e a ereção do pênis ou do clitóris podem ser iniciados à vontade e que o clímax orgástico, com o previsível afrouxamento da tensão, que a êle se segue, é ràpidamente produzido ou repetidamente adiado pela forma de masturbar-se. Isto contribui para desenvolver um sentido de domínio sôbre os impulsos sexuais e as novas capacidades sexuais, e ajuda o adolescente a preparar-se para as relações heterossexuais. No rapaz, a proeminência da ereção, o vigor da ejaculação e a tangibilidade da substância ejaculada também favorecem a aceitação do papel masculino agressivo, nas relações com môças.

A MENSTRUAÇÃO

A menstruação, naturalmente, é característica exclusiva da puberdade feminina. Serve não só de estímulo mas também de ponto focal para fantasias sôbre o que significa tornar-se mulher. Algumas jovens verão inconscientemente na "sangria" menstrual uma prova de dano (extensão da preocupação anterior pelo fato de não ter pênis). Poderão reagir à menstruação com sentimentos de repugnância ou com depressão, recusando-se momentâneamente a aceitá-la pelo que realmente é, ou seja, prova tangível de feminilidade. Por causa da "sangria" as regras também são capazes de redespertar medonhas fantasias infantis, em que a cópula sexual era imaginada como ato de violência, provocando

86

um mêdo excessivo da heterossexualidade. Ou as regras, em algumas meninas, reforçarão o repúdio anterior dos órgãos genitais femininos, tidos por sujos e fétidos, mercê da sua proximidade com os órgãos de eliminação.

Por outro lado, a menstruação anuncia a possibilidade de gravidez e parto, facilitando, dessa maneira, a identificação com mulheres adultas de forma sadia e positiva. As jovens pouco atribuladas durante a infância por conflitos sôbre a sua feminilidade geralmente aceitam a menstruação por suas implicações positivas.

Já se deu a entender que a menstruação serve de fôrça organizadora no funcionamento mental e emocional das mulheres. Antes do seu aparecimento os efeitos das flutuações hormônicas são imprevisíveis, perturbadores, às vêzes apenas vagamente percebidos e desconcertantemente não específicos. E a jovem, não raro, se mostra correspondentemente vaga, difusa e desorganizada. Queixosa e rebelde, ela, de ordinário, é incapaz de explicar sua inquietação a si mesma ou a outros. Como acontecimento específico, com um início e um fim claramente observáveis e uma série definida de sensações, ocorrendo com regularidade e previsibilidade cada vez maiores, a menstruação, por conseguinte, proporciona estímulo e foco para o desenvolvimento e a maturação subseqüentes. Iniciado o catamênio, as meninas tendem a tornar-se mais organizadas e mais lógicas em seus processos mentais e em seu comportamento, e mais capazes de expressar-se do que na pré-adolescência. Será difícil verificar tão estreita correlação entre a função endócrina e a função psíquica, mas a hipótese merece consideração.

Normalmente, o principal efeito da menstruação é propiciar incentivo para a plena aceitação da feminilidade. A agressividade nas relações com meninos, tão característica da pré-adolescência, cede o passo à meiguice, à timidez e à passividade. A jovem começa a mostrar que aceita o papel agressivo do homem e torna-se mais atraente e receptiva em suas atitudes para com êle.

O NÔVO CORPO E A IMAGEM DE SI MESMO

Tôdas as mudanças que se verificam no corpo, não só no desenvolvimento e na função sexuais, mas também no tamanho e na fôrça física exige que se modifiquem as imagens mentais do corpo anteriormente formadas. O reconhecimento e a aceitação do que somos, física e biològicamente, é uma precondição da feliz consecução de uma identidade pessoal madura. A menina, por exemplo, precisa aceitar e integrar as realidades da menstruação, do desenvolvimento dos seios e do alargamento dos quadris. O menino precisa integrar as várias mudanças que se processaram em sua personalidade física e o aumento considerável de sua fôrça muscular. Esta última tem um potencial construtivo, mas também destrutivo, e freqüentemente representa uma fonte de ansiedade nas relações entre as pessoas, visto que os impulsos agressivos, que outrora só se expressavam em imaginação, podem agora converter-se em realidade. Em muitos casos, por exemplo, o rapaz compreende que, se viesse realmente a empenhar-se numa luta, talvez fôsse capaz de vencer o próprio pai.

A criação de uma imagem do corpo e de uma identidade aceitável ao adolescente pode ser prejudicada, entretanto, por variações normais, inevitáveis, do estereótipo cultural predominante da masculinidade e da feminilidade. Um desenvolvimento muscular inusitado e um peito chato perturbarão a môça, ao passo que um corpo atarracado ou uma voz aguda, estridente, talvez conturbem o rapaz. A imagem do corpo, às vêzes, também não se desenvolve apropriadamente em virtude de fantasias e conflitos inconscientes, já discutidos e ainda não resolvidos, acêrca da anatomia e das funções sexuais do próprio indivíduo.

AÇÃO E COMPORTAMENTO IMPULSIVO

Na primeira fase da adolescência, sobretudo, o alívio das tensões ligadas às pressões produzidas pelos impulsos instintuais pode ser buscado na ação, freqüentemente na forma de um comportamento impulsivo. O significado dêsse comportamento na adolescência normal e o fato de servir ou não a um propósito construtivo não estão inteiramente claros. Como já observamos, há um excesso de energia física nessa época que vai ao encontro da necessidade de uma vigorosa atividade como parte do desenvolvimento sadio. A ação pode ser um meio normal de abrandamento da tensão e da ansiedade. Até o comportamento impulsivo atende, não raro, a importantes propósitos construtivos na busca dos limites dos contrôles externos, ao pôr à prova a realidade e ao procurar a própria identidade "medindo-se" com outros. Como tal, ajuda a integrar novas capacidades na série de habilidades adaptativas. A obtenção do domínio sôbre a expressão de impulsos, todavia, não se limita à sua inibição; mais do que isso, é a recanalização de impulsos internos para escoadouros úteis e construtivos. E êsses novos canais só serão encontrados se alguns impulsos se expressarem em ação. A observação do Duque de Wellington de que a Batalha de Waterloo foi vencida nos campos esportivos de Eton prova exatamente êste ponto: dominando e integrando padrões de ação nos desportos, construiu-se o caráter; acentuaram-se a coragem, a persistência e as qualidades agressivas eficazes; e conseguiu-se o domínio dos impulsos.

Em alguns adolescentes, entretanto, a ação não se presta para reduzir a ansiedade a um nível controlável, senão para evitar a necessidade de suportá-la. A ação é mais um meio de fugir que de enfrentar e resolver os conflitos fundamentais. Essa ação que se repete, representação de conflitos inconscientes e efetivamente sintomática, é um sério obstáculo à maturação. A ação ou a atividade, por si mesmas, chegam até a predominar na vida do adolescente, interferindo diretamente no desenvolvimento intelectual e na aprendizagem.

A ação que se segue à reflexão, que traduz um plano em realidade, auxilia o desenvolvimento e a adaptação. O contrário se dirá da ação que substitui a reflexão, que dá rápida expressão ao impulso antes que o pensamento possa intervir. Por exemplo, o garôto de 14 anos que planeja, constrói e faz voar um modêlo de avião provido de um motor, tem oportunidade de avaliar a eficácia tanto do seu raciocínio quanto da sua ação, ao contrário do seu contemporâneo que passa todos os momentos de folga "calaceando", em permanente agitação.

A CAPACIDADE DE PENSAR

A capacidade de chegar ao mais alto nível de pensamento abstrato aparece pela primeira vez na puberdade. Eis aí um desenvolvimento de importância sem par. A capacidade de raciocinar indutiva e dedutivamente num nível abstrato proporciona ao adolescente importantes e novas técnicas de adaptação e defesa. Agora já lhe é possível lidar com problemas mentalmente, examinado os planos alternativos para a sua solução antes de executar a ação. Além disso, a maior capacidade intelectual contribui para o desabrochar de interêsses, habilidades e atividades nas artes, nas ciências, nas humanidades e na filosofia. Durante algum tempo, êsse interêsse que desabrocha talvez produza escassos frutos; o jovem ainda está tão preocupado consigo mesmo que não é capaz de oferecer muita coisa ao mundo exterior. Ocasionalmente, a reflexão se converte em complicada intelectualização, bàsicamente destinada a defender-se contra as pretensões interiores dos impulsos sexuais e agressivos, e assim se diverte o propósito original de solucionar o problema.

Embora característica e específica da fase, a capacidade de pensamento abstrato, porém, varia muitíssimo de um adolescente para outro. Alguns adolescentes, por exemplo, pensam com facilidade, empregando apenas abstrações mentais; outros se apóiam pesadamente na representação escrita ou diagramática; e outros ainda requerem a representação em três dimensões, como o menino que inventa um complexo e notável aparelho pelo método do ensaio e êrro, utilizando partes componentes. Outros, finalmente, revelam a sua capacidade intelectual em têrmos ainda mais tangíveis e práticos — criando animais ou fazendo experiências com êles, ou ainda fundando uma pequena e próspera emprêsa comercial.

AS RELAÇÕES ENTRE MENINOS E MENINAS

Durante todo o tumulto da primeira fase da adolescência o jovem se sente constantemente preocupado com a tarefa importantíssima de estabelecer relações sadias com um membro do sexo oposto.

A despeito dos conflitos e ansiedades causadas pelo impacto da puberdade, existe um tremendo interêsse por tudo o que é sexual. E êsse interêsse se expressa de diversas maneiras, muitas das quais não exigem uma relação física real. Há, por exemplo, intensa curiosidade e uma busca ávida de tôdas as fontes possíveis de informações sôbre o sexo. O primeiro contacto da criança com a enciclopédia provém, muitíssimas vêzes, de lhe haverem dito que na enciclopédia se encontram circunstanciadas informações sexuais: basta saber procurar. As conversas de adolescentes são, amiúde, avassaladora e francamente sexuais e, em outras ocasiões, assumem forma simbólica, com muitos jogos de palavras de duplo sentido. É mais ou menos constante a preocupação com devaneios heterossexuais e fantasias masturbatórias, embora estas, a princípio, propendam a ser altemente romantizadas e parcas em detalhes sôbre as imaginadas atividades sexuais.

Como já ficou dito, o adolescente, a princípio, também se recolhe à segurança da associação com membros do mesmo sexo. Nessa associação, a atividade e a experimentação sexuais tendem a ocorrer não só entre indivíduos, mas também em grupos. Entre meninos, são muito comuns a masturbação mútua e a masturbação em grupo, não sendo raros os episódios de coito anal e de contacto oro-genital (felação). O comportamento análogo entre meninas vai desde a prática de se darem as mãos e se beijarem até a carícia dos seios e a masturbação recíproca. É importante

91

reconhecer que tal comportamento nessa idade não conduz necessàriamente à aberração sexual na idade adulta. Não se trata de uma homossexualidade clìnicamente significativa, nem pode ser rotulada como tal. Nessa idade, o comportamento homossexual deve ser encarado, com maior propriedade, como defesa temporária contra o mêdo provocado pela aproximação das relações heterossexuais completas.

Mais uma vez se emprega uma desajeitada técnica agressiva para enfrentar os primeiros contactos, carregados de ansiedade, com o sexo oposto. Por sua própria natureza, o intercâmbio verbal, zombeteiro e arreliador, pode tornar-se francamente depreciativo se fôr demasiado intensa a ameaça de intimidade. Os impulsos sexuais físicos se expressam em forma disfarçada, através de jogos em que há contactos corporais e brincadeiras truculentas. A agressão e a sexualidade se tornam amiúde tão entrelaçadas que dificilmente se distinguem uma da outra a brincadeira sexual carregada de agressividade e a briga carregada de sexualidade. Êsse tipo de comportamento é muito comum, até entre irmão e irmã adolescentes, forma de interação que aos pais se afigura particularmente perturbadora.

O quadro que esboçamos, tão típico, é apenas um de uma ampla série de padrões possíveis de comportamento. Como já dissemos, algumas crianças se sentem de tal maneira ameaçadas pelos seus instintos que tentam dominar tôda e qualquer expressão de sexualidade e persistir no comportamento de latência. Outras tentam lidar com a puberdade sufocando-a, controlando rìgidamente as emoções sexuais e evitando qualquer espécie de atividade com qualquer dos sexos. Em essência, protegem-se da puberdade com o ascetismo, negando a própria existência dos impulsos sexuais. Outros ainda, aparentemente, experimentam poucos conflitos no tocante à sexualidade e aproveitam, jubilosas, a oportunidade de namorar. Em alguns casos, a menina "louca por rapazes" talvez se esteja adiantando na tentativa de sobrepujar os seus receios, mas é muito comum dar-se o caso de ser ela simplesmente capaz de aceitar a própria sexualidade antes das suas iguais.

O FIM DA PRIMEIRA FASE DA ADOLESCÊNCIA

À medida que o seu ego principia a enfrentar, assimilar e integrar as mudanças causadas pela puberdade, o adolescente se volta, cada vez mais, para o sexo oposto. O comportamento mental lhe serviu de preparativo; as fantasias e atividades partilhadas com outras pessoas do mesmo sexo lhe asseguraram que a fascinação e o desejo são normais; a consciência de um interêsse e de uma disposição similares em membros do sexo oposto reduziu-lhe a timidez. Começam os namóros e, ao encerrar-se a fase inicial da adolescência, os encontros heterossexuais geralmente já estão firmados.

Durante as primeiras fases do namôro a sexualidade, às vêzes, é rude. A intensa curiosidade e os receios que ainda persistem resultam numa experimentação mal temperada por afeição ou ternura. Ao mesmo tempo ainda é considerável a mistura de agressão e sexo. Se bem o coito não seja comum nessa primeira fase, amiúde frenética, de aprendizagem do funcionamento sexual maduro, a principal preocupação se refere mais aos aspectos físicos do sexo do que à relação emocional. O adolescente põe à prova as implicações da maturidade sexual com o objetivo de conhecer o próprio papel sexual e determinar o seu grau de aceitabilidade para o sexo oposto. Em regra geral, as relações heterossexuais do princípio da adolescência se caracterizam mais pela experimentação do que por um genuíno envolvimento emocional.

PRINCIPAIS CARACTERÍSTICAS DA PRIMEIRA FASE DA ADOLESCÊNCIA

Durante a primeira parte da adolescência, o jovem se familiariza com um corpo notàvelmente mudado e o aceita, logra a separação e a diferenciação definitivas da nova personalidade em relação aos pais, e experimenta outras espécies de relações com iguais de ambos os sexos. Mais especìficamente, as principais características dessa fase de desenvolvimento do adolescente são as seguintes:

1. Rebelião contra os adultos e seus valores e afastamento dêles. De início, a rebelião é principalmente verbal, mas vai-se tornando mais orientada para a ação à proporção que progride a adolescência. O afastamento dos pais é induzido pelos sentimentos de culpa causados pelas fantasias edípicas redespertadas agora no contexto ameaçador da capacidade quase adulta de comportamento sexual e agressivo, e pela necessidade de descobrir a identidade individual, que se supõe ameaçada por um apêgo demasiado íntimo ao adulto com sua identidade vigorosamente firmada. Persiste a necessidade de orientação por parte dos adultos e de modelos adultos de identificação, mas as ligações até com outros adultos além dos pais costumam ser transitórias.

2. Intenso narcisismo, com uma acentuada preocupação com o próprio corpo e a própria personalidade.

3. O grupo de iguais, de importância vital, serve de estação intermediária durante a transição da infância para o estado adulto.

4. Os impulsos e emoções sexuais intensificam-se e ganham expressão, a princípio em fantasias e, a seguir, em atividades masturbatórias e outras atividades sexuais à medida que o adolescente passa a entabular relações heterossexuais.

5. Marcado aumento dos impulsos agressivos, agora amparados por um aumento correspondente do tamanho e da fôrça física.

6. Marcado aumento das capacidades emocionais e intelectuais com um alargamento paralelo de interêsses e atividades.

7. As atitudes e o comportamento, em geral, são caracterizados por mudanças imprevisíveis e muita experimentação.

94

A SEGUNDA FASE DA ADOLESCÊNCIA

À medida que o jovem passa da primeira para a segunda fase da adolescência, os adultos lhe respondem ao crescimento e à maturidade crescente e começam a esperar que êle assuma um papel definitivo na sociedade. Durante a primeira parte da adolescência, o seu comportamento pseudo-adulto, se bem perturbe freqüentemente os adultos, tende a ser encarado com divertida indulgência, como a que se dispensa à criança pequena. Durante a segunda parte da adolescência, todavia, nos últimos anos do curso secundário e nos primeiros anos do curso superior, a sociedade espera que êle leve a vida a sério.

À proporção que se vão tornando mais independentes de suas famílias, o rapaz e a môça se enredam mais estreitamente na sociedade em geral; e a sociedade, por sua vez, começa a enfrentá-los, a tomar-lhes as medidas, tentando afeiçoá-los e, ao mesmo tempo, adaptar-se a êles. Os adolescentes agora principiam a ter empregos; o desemprêgo passa a ser um problema; êles têm influência na política; fazem trabalho voluntário em hospitais; constituem uma ameaça nas ruas; surgem como réus nos tribunais juvenis.

Criaram-se estruturas sociais para lidar com êsses adultos que vão aparecendo. Algumas dessas instituições culturais parecem ter um papel defensivo: os adolescentes não devem crescer depressa demais. "Deixem-nos amadurecer um pouco e entender primeiro do riscado". Como já se disse, existe nos Estados Unidos uma idade mínima para tirar licença de motorista, com o seguro do automóvel para pagar; existe uma idade mínima para assistir a filmes adultos e para beber num bar; e as assinaturas em documentos só são jurìdicamente coativas aos 21 anos de idade. Além disso, existem as implícitas, e às vêzes explícitas, convenções sociais, tais como: Você se barbeia? Seu cabelo está bem cortado? O estilo da sua roupa é correto? A aparência pode ter influência decisiva para o candidato a um emprêgo, para o pretendente do ponto de vista dos pais da môça, ou para a maneira por que um policial tenderá a tratá-lo. O "registro" de sua vida pregressa, de repente, se torna crucial: situação acadêmica, comportamento, atividades atléticas, encontros com a lei e reputação em geral (em função da espécie de recomendações que êle pode obter). O passado o alcança quando o mundo começa a examinar e a julgar, aprovando-o ou desaprovando-o.

Os adolescentes têm enorme consciência dessas realidades. Ainda no curso secundário, alguns respondem procurando conquistar todos os aplausos e prêmios possíveis: bacharelam-se com distinção e louvor; tornam-se escoteiros com 21 insígnias; são ases dos esportes; ganham dinheiro durante as férias de verão; conquistam bôlsas de estudos. Outros respondem com meticulosa rejeição das expectativas sociais: trazem os cabelos compridos e desgrenhados; roupas provocativas e, muitas vêzes, sujas; e a sua atividade escolar é irregular e incerta, quando não deixam a escola.

Chegados à idade de cursar uma escola superior, alguns passam por uma fase extrema: os rapazes deixam crescer a barba e as môças usam meias compridas de todos os tons e todos os tecidos; a sua vida social tanto inclui guitarras quanto maconha ou LSD; a vida sexual será ativa ou caótica; êles vivem "por ali", entrando e saindo de suas casas e das casas dos amigos; as consecuções escolares vão desde as mais brilhantes até as mais desastradas conforme o seu interêsse por determinado assunto; indiferentes ao dinheiro, pedem-no emprestado uns aos outros, quando não põem no prego caros presentes de aniversário, ou se apropriam de dinheiro dos pais em condições que correspondem a um roubo. Envolvem-se freqüentemente em alguma espécie de movimento de protesto, seja êle pela liberdade acadêmica, pelos direitos civis, pela legalização do uso da maconha.

Tanto os adolescentes que se conformam quanto os que não se conformam respondem ao mesmo conjunto de realidades sociais, e cada tipo procura dominá-las à sua maneira, uns jogando o jôgo segundo as regras estabelecidas, outros recusando-se a jogar.

À sociedade interessa tentar iniciar a sua mocidade em padrões adultos aprovados. O treinamento de estágio, a educação compulsória, o treinamento de motorista, o escotismo, o CPOR, os "jovens" clubes políticos e as organizações religiosas para a mocidade destinam-se, em parte, a integrar os jovens na sociedade. A meta é "Civismo". Mais recentemente, o Peace Corps, o Job Corps e os programas contra a pobreza foram, também, em parte, endereçados a essa "facilitação cultural" — ajudando os novos jovens adultos a adquirirem um sentido de relação mútua, de que são necessários, de que existe para êles um papel "que significa alguma coisa".

Um dos riscos a que se expõe o adolescente nessa época da vida é crescer, chegar ao estado adulto e descobrir que está "do lado de fora olhando para dentro", que ninguém parece precisá-lo ou querê-lo, que ninguém se incomoda com a sua presença ou ausência, que não há lacuna para êle preencher, que não existe lugar para êle. E surge o perigo de que o adolescente resvale para uma espécie de limbo; atualmente, isto se subordina à rubrica "alienação".

A alienação é uma questão complexa e o reconhecimento da sua existência já engendrou muita preocupação. Parece assaz difundida e claramente estereotipada; grupos de môças e rapazes se assemelham, agem e falam do mesmo jeito, conhecem-se, e estão sempre juntos no mesmo café ou no mesmo parque. É possível, contudo, que o fenômeno seja apenas a versão atual de um problema perene: a incerteza do adolescente vestindo-se de arrogância e absoluta certeza, e usando a maneira mais fácil de parecer um indivíduo — ser "contra". Pois é difícil ser realmente individual e único, e essa dificuldade gera, não raro, a solidão, o susto e o perigo.

Os jovens desejam ser algo mais do que meros "bonecos" que fazem o que lhes é ordenado, rapazes bonzinhos e môças boazinhas que se conformam e não têm individualidade. Querem ser pessoas por direito próprio. Mas o que é exatamente que êles podem ser, e o que é exatamente que podem fazer? Para os jovens de talentos incomuns ou dotes intelectuais, as oportunidades são inúmeras; para os outros, porém, as portas estão fechadas e a busca da personalidade se afigura cercada de uma multidão de exigências e incessantes solicitações para conformar-se. Êsses jovens podem procurar uma saída fácil, abandonando-se para atacar as convenções, desafiar os padrões e escarnecer os valores da sociedade maior. Formam uma "sociedade" própria, em que se dá maior ênfase às necessidades dos adolescentes do que às necessidades dos adultos — uma caricatura da sociedade grande.

Notável característica dessa época da vida é a continuação do senso lúdico. Os jovens ainda não atingiram o pleno estado adulto e, num sentido muito real, "brincam" de adultos. Isso, na realidade, não tem importância, não é "para valer". Dizem-se e fazem-se coisas sérias que, de certo modo, não são realmente sérias. Embora intensas, emocionais e reais, as experiências não são precisamente a dura realidade. Acredita-se que a realidade seja reversível e que os atos sejam perdoáveis; falta um senso de permanência. Deforma-se o sentido do tempo, com vigorosos sentimentos de impaciência e um desejo de imediação.

Como as crianças, os adolescentes vivem muito no presente imediato e, aos olhos dos adultos, parecem, às vêzes, quase idiotamente inconscientes da seriedade potencial de muitas de suas ações — e o adulto não está necessàriamente errado: abandonar a escola equivale freqüentemente ao suicídio econômico e a uma vida adulta apertada; a promiscuidade social pode levar à gravidez não desejada e ao casamento demasiado precoce; as brincadeiras com automóveis possantes matam gente; a ingestão de drogas é quase sempre funesta.

A sociedade tende a reagir ao não conformista, que talvez seja tratado com brusquidão, de um modo que, muitas vêzes, tem o aspecto de uma retaliação. A mensagem é: "Cresça ou desapareça". A primeira e a mais comum das formas de exclusão dêsse tipo costuma encontrar-se na escola: conforme-se ou será suspenso. Licenças de motoristas se

98

conferem e retiram e tarifas de seguros se elevam com uma mensagem semelhante. Fazem-se pressões sôbre o adolescente para que se desvencilhe de um grupo ou de uma amizade particular assim que se observa o padrão não conformista. Por outro lado, ao ser aceito num grupo aprovado pelos adultos, a mensagem, mais uma vez, é: "Conforme-se ou suma-se". Para êsses jovens a sociedade parece funcionar como um biombo, que inclui alguns e exclui outros.

Atualmente, nos prósperos Estados Unidos, outorgam-se aos adolescentes muitos privilégios econômicos que no passado eram conquistados depois de anos de árduo trabalho. Os privilégios existem sem as responsabilidades correspondentes, e êles se encontram na posição de jovens príncipes num mundo de prazeres adrede criado. Nos dias que correm, dir-se-ia que não é o adolescente quem tem inveja do adulto, e sim o adulto quem tem inveja do adolescente. O adulto pode querer participar do mundo colorido, vital e vigoroso do adolescente com a sua franquia da responsabilidade. O homem da propaganda sabe disso e tudo, desde as bebidas suaves até os automóveis, é vendido numa aura de alegria e sexualidade adolescentes.

Apesar das tensões da adolescência, a quase totalidade dos jovens acaba fazendo um ajustamento adequado. O maior número dêles desenvolve suas capacidades, adota uma ocupação ou uma profissão liberal, casa, tem filhos, assume as responsabilidades e os compromissos com a sociedade que assinalam o atingimento do pleno estado adulto. Os "sonhos" da adolescência tendem amiúde a esquecer-se, talvez por serem apanhados na repressão, dirigida para o esquecimento, dos aspectos penosos dêsses anos. Quando os adultos, mais tarde, encontram os próprios filhos adolescentes, revelam com freqüência escassa compreensão dêles e propendem a ter pouca paciência com "essa tolice adolescente".

Na segunda parte da adolescência, por via de regra, o contacto com os pais é ainda menor do que na primeira, com vacilações entre a independência e a dependência e a depressão decorrente da "perda" intrapsíquica ou psicológica dos pais. As flutuações, todavia, são menos rápidas e violentas e menos extremas. O adolescente, afinal, começa a compreender e a aceitar o fato de que a independência está realmente ao seu alcance. Um jovem da classe inferior terá o seu emprêgo e viverá com o dinheiro que ganhar; um jovem da classe média estará, provàvelmente, vivendo no colégio, longe de casa, e terá, não raro, um emprêgo de verão ou fará uma excursão pelo país ou pela Europa. Tais experiências ajudam inevitàvelmente a definir o senso de independência e competência para cuidar de si. Uma separação adicional dos pais corresponde à firme direção dos impulsos sexuais para um membro específico do sexo oposto. Rapazes e môças principiam a olhar-se como possíveis consortes, e o casamento se delineia no horizonte.

A "perda" dos pais, agora mais real do que psicológica, é compensada pelas relações mais significativas e maduras com os iguais. Abandona-se também a intensa preocupação com a própria personalidade, anteriormente descrita. De nôvo se resolve o revivido conflito edípico, mas o rígido superego da infância, agora modificado, torna-se prometedoramente mais razoável e realista. Isto se consegue através de um processo inteiramente consciente de reavaliação e aceitação ou rejeição das atitudes e valores recebidos dos pais durante o desenvolvimento anterior.

O AMOR DO ADOLESCENTE E O PAPEL DO COITO

Na segunda parte da adolescência a tarefa deixa de ser a busca e o encontro da identidade sexual para converter-se na exploração de tôdas as suas implicações. O apaixonar-se agora, pela primeira vez, significa sentir um interêsse realmente intenso pela pessoa amada. Na primeira experiência do amor, o parceiro é sumamente importante, apesar do fato de não durarem muito, por via de regra, as relações do primeiro amor. Agora um sentimento de terna afeição surge a par das emoções sexuais. Em contraste com as

100

preocupações e atividades sexuais egoístas da primeira fase da adolescência, o adolescente se encaminha para uma experiência sexual partilhada. Começa a demonstrar um comportamento sexual maduro, que compreende, a um tempo, emoções ternas e sexuais pela pessoa amada. Se bem que para os outros as emoções e atitudes do adolescente apaixonado pareçam, às vêzes, exageradas e até caricaturais, para o adolescente elas são extraordinàriamente reais.

Como já foi dito, o ímpeto da puberdade é essencialmente sexual. A pressão no sentido das relações sexuais é imperativa e quase invariàvelmente acabará prevalecendo. O jovem normal do sexo masculino ou feminino torna-se biològicamente preparado para o coito, entra a pensar nêle e, no seu devido tempo, a desejá-lo. Não obstante, em sua maior parte, a nossa cultura ocidental (pelo menos em sua atitude "oficial") reprova o ato sexual fora do casamento. Outrossim, a meta que a nossa cultura estabelece para os adultos — a obtenção de uma firme identidade sexual e a união do amor terno e do amor sexual nas relações com o cônjuge — é difícil de se atingir sem a experiência e a experimentação sexuais durante a segunda parte da adolescência.

A nossa herança puritana nos legou o fardo de uma série de tabus e proibições que histôricamente podem ter sido apropriados, mas que hoje parecem inadequados à luz da moderna compreensão e do progresso científico médico. Com tôda a probabilidade, as fôrças que originalmente produziram essas proibições eram preocupações relativas a moléstias venéreas, à gravidez ilegítima e seu impacto destrutivo sôbre a família, e a outros valores e estruturas sociais, como os direitos de propriedade e os títulos hereditários. E por baixo dessas fôrças havia outras, como as rivalidades entre famílias e o mêdo da geração mais jovem, que resultava na necessidade de mantê-la "subjugada".

A despeito, porém, da ética prevalecente, impõe-se a pergunta: Deve-se permitir aos adolescentes, ou talvez mesmo animá-los a fazê-lo, numa idade apropriada, que pratiquem o ato sexual antes do casamento? O que é mais, essa experiência acaso favorece um sadio desenvolvimento psicológico e um estado adulto bem sucedido?

Essas perguntas são cruciais. Na medida em que se preocupa em favorecer o desenvolvimento e o funcionamento humano ótimos, a nossa sociedade precisa enfrentar essa questão e dispor-se a considerar o efeito das relações sexuais durante a adolescência sôbre o desenvolvimento total.

Dois pontos de vista importantes e contrários se apresentam em nossa cultura. Um dêles considera antiquados os *mores sexuais*. Agora que a ciência médica pode impedir a gravidez acidental ou não desejada e proporcionar proteção adequada contra as moléstias venéreas e tratamento delas, por que se hão de preservar as proibições? O argumento é que os adolescentes estão biológica, psicológica e socialmente preparados para o coito e, além disso, precisam dessa experiência para consolidar sua identidade sexual, seu sentido de personalidade e seu padrão de relações com os outros. De mais a mais, um aspecto tão vital do casamento, do prazer e do amor adultos faz jus à experiência e à prática. Além do que, a escolha do cônjuge e a atuação como parceiro sexual podem ser atingidas muito mais inteligentemente se se puder avaliar o fator sexual pelo prisma da experiência pessoal e não apenas através de comentários proibidos e cercados de mistério e perigo. De tudo isso se segue, portanto, que, no segundo período da adolescência, se agirem de maneira responsável, os adolescentes devem ter liberdade para procurar a experiência do coito com uma série de parceiros; que a busca do prazer inerente a êsse tipo de comportamento deve ser sancionada, embora se ponha em destaque a aprendizagem e o crescimento; e que a proteção contra a gravidez e uma possível moléstia venérea deve ser proporcionada naturalmente.

O ponto de vista contrário difere radicalmente dêste. O coito não é, de maneira alguma, outra simples forma de prazer. A fim de que se concretizem suas sérias e importantes implicações para as relações adultas maduras, são necessárias algumas proibições que a nossa cultura produziu. Acima de tudo, êle deve preocupar-se com o desenvolvimento da ternura e da afeição nos padrões heterossexuais. A busca de sensações com uma série de parceiros não é garantia de crescimento. Em lugar disso, acaso não tenderá ela a fixar a pessoa num nível de simples procura do prazer, retardando o desenvolvimento no sentido do funcionamento sexual maduro? Embora concordem em que o adiamento da experiência sexual gera tensões, os defensores dessa tese acreditam que tal adiamento é indispensável ao pleno desenvolvimento social. O coito é uma atividade do estado adulto, e o seu exercício prematuro não assegurará, de maneira alguma, o desenvolvimento da maturidade sexual e emocional. Além de tudo, as realidades culturais ainda presentes fazem parte da consciência do adolescente. Os jovens interiorizaram as proibições culturais contra as relações sexuais pré-conjugais, e autorizá-los ou animá-los a procederem ao arrepio das supostas "normas" será conduzi-los inevitàvelmente aos sentimentos de culpa e a sérios conflitos internos.

Na sua maior parte, êstes conceitos, exagerados, derivam mais do mêdo dos impulsos sexuais e dos sentimentos de culpa provocados pela sexualidade do que de uma observação e de um estudo cuidadosos. A compreensão das relações recíprocas entre os sistemas de valores familiais e subculturais e o desenvolvimento individual mostra claramente que a resposta à pergunta que está sendo discutida, embora se possa generalizar, terá de ser, afinal, formulada em função da maturidade de determinado adolescente, seja qual fôr o seu sexo. O adolescente médio de 13 anos de idade, que está começando a sentir os efeitos da puberdade, é muito diferente do adolescente médio de 18 ou 19 anos de idade, que já estabeleceu padrões de namôro e talvez já esteja seguramente a caminho da identidade adulta. As opiniões seriam, provàvelmente, quase unânimes no sentido de que a permissão do coito na primeira fase da adolescência equivale de um modo geral, a "apressar as coisas", e talvez fôsse perigoso, não só por sua possível interferência no desenvolvimento ordenado e regular, mas também em virtude da falta de maturidade suficiente para compreender fatôres como a responsabilidade para com o parceiro sexual e a possibilidade de gravidez, e para agir sôbre êsses fatôres. A unanimidade desapareceria se se aplicassem as mesmas considerações à segunda parte da adolescência.

Significativo também em qualquer exame racional do comportamento sexual adolescente é o fato de que nem todos os adolescentes se desenvolvem no mesmo ritmo. Alguns rapazes de 18 anos talvez não estejam preparados, do ponto de vista do desenvolvimento, para o coito e, nesse caso, precisarão da ajuda de várias atitudes e instituições culturais para reforçar o adiamento. Ésses jovens fariam bem, por exemplo, se freqüentassem uma escola superior em que só se admitissem alunos do seu sexo, pelo menos no primeiro ou nos dois primeiros anos. Por outro lado, um adolescente de 17 anos, e talvez até mais nôvo, de família ou de antecedentes subculturais diversos, ou em razão de alguma diferença constitucional no ritmo da maturação, poderá estar perfeitamente preparado para a experiência das relações sexuais. As pressões do grupo de adolescentes podem operar em detrimento de alguns jovens porque o grupo não leva em conta os vários graus de maturação individual. Em certos grupos de adolescentes se faz considerável pressão sôbre o jovem para que pratique o coito a fim de ser plenamente aceito pelo grupo. Alguns membros dêsses grupos fingirão envolver-se em proesas sexuais e assim protegerão tanto o seu *status* quanto o seu equilíbrio mental e emocional. Outros, porém, tentarão satisfazer as exigências do grupo prematuramente, com sérias conseqüências emocionais ou práticas.

Hoje em dia, palavras como "castidade" e "pureza" são relativamente infreqüentes nas discussões sôbre o comportamento de adolescentes. Isto, sem dúvida, se relaciona com a difundida aceitação cultural da atividade sexual entre os adolescentes na forma de carícias e bolinagens — isto é, atividade heterossexual com exceção do coito e, normalmente, com exceção do orgasmo. Também representa evidente afastamento dos ideais que prevaleciam há algum tempo. A nossa sociedade parece estar-se distanciando cada

104

vez mais dos conceitos mais antigos de moral e seguindo o rumo de uma nova, ainda que mal percebida, ordenação da vida sexual.

A BUSCA DA IDENTIDADE E O IDEALISMO

Na segunda fase da adolescência, os sinais de busca da identidade são claramente evidentes. A diminuição gradativa da intensa preocupação com a personalidade, em combinação com o já discutido afrouxamento dos laços com os pais e com os valores paternos interiorizados, resulta numa preocupação, dirigida para fora, pelos valores e ideologias culturais e pelas fôrças sociais. Capaz de encarar os pais e a sociedade com nova objetividade, o adolescente parece ver as falhas e hipocrisias debaixo de ofuscante claridade; ao mesmo tempo, as soluções para os problemas sociais lhes parecem igualmente claras ainda que às vêzes ingênuas. Tudo o que diz respeito à "velha" cultura é pôsto em dúvida.

Normalmente, os adolescentes têm um interêsse sério pela ética e pela religião, como parte do esbôço dos seus próprios padrões e valores. Envida-se um esfôrço contínuo para mediar entre o instinto e as exigências agora incertas da consciência, no trabalho de formar novos ideais e remodelar a consciência para acomodá-los. O adolescente mostra grande interêsse pela probidade moral dos pais e de outros adultos e coteja constantemente palavras e atos. O cinismo e a desesperança se alternam com o idealismo renovado à medida que o repetido descobrimento da discrepância entre o ideal e o real exige avaliação das instituições culturais e dos próprios valores da pessoa.

Com o surto pubertário dos impulsos sexuais, o anseio de amar se expressa de muitas maneiras. Alguns sentimentos de amor são dirigidos ao próprio indivíduo, outros a pessoas e outros ainda a objetos como animais de estimação, automóveis, livros e projetos científicos; e, finalmente, alguns dêsses sentimentos se apoderam de idéias ou causas

— que então se transmudam em ideais. A idealização é particularmente evidente nos sentimentos dedicados à pessoa amada, que tende a ser considerada como singularmente bela, inteligente, interessante e nobre — indivíduo perfeito, mais digno de amor do que qualquer outro no mundo. No caso do automóvel, da motocicleta, do projeto científico ou do animal de estimação, o objeto amado desperta intenso interêsse e é fascinante em todos os pormenores. Converte-se em foco de muitos sonhos e de muitos planos e em tópico de entusiástica discussão com os iguais.

Para poder idealizar uma idéia é preciso, naturalmente, que o indivíduo seja capaz de ter idéias, de pensar num nível abstrato. E, como já o dissemos, verifica-se notável aumento, durante a puberdade, da capacidade de abstrair, de discernir não só a unidade essencial, mas também as sutis distinções entre coisas superficialmente semelhantes. O adolescente da segunda fase aprendeu a pensar em conceitos; as idéias assumem para êle certa solidez. Podem ser pesadas, medidas e desafiadas mentalmente, esposadas ou rejeitadas. As questões religiosas e filosóficas são objeto de muita reflexão e discussão; os comprometimentos com prolongados, exigentes e até perigosos cursos de treinamento não são incomuns; e as causas políticas ou humanas podem transformar-se num santo gral, cujo encalçamento justifica todos os sacrifícios pessoais, até da própria vida.

Não é necessàriamente a universalidade do valor social de uma idéia que determina o fascínio por ela exercido sôbre a juventude. O "ideal" de Hitler, por exemplo, de construir um nôvo e milenar império "ariano", sem levar em conta o que poderia custar a outros povos, foi esposado pelos adolescentes alemães na década de 1930 com tanto zêlo quanto a causa dos direitos civis e do negro por jovens norte-americanos nos meados da década de 1960 e, provàvelmente, em muito maior número.

Para o jovem, o apêgo a um ideal também ajuda a encher o vazio resultante da crescente independência dos pais. Os pais representaram tôdas as espécies de valores éticos e morais; foram os guias e organizadores da vida.

106

O ideal é o substituto que enche êsse vazio, substituto imaterial não contaminado por elemento sexuais e que não induz à prática de atos proibidos.

Importante para muitos jovens idealistas — se bem não o seja para todos — é a existência de outros jovens que partilham da mesma maneira de ver as coisas, um grupo ao qual se pode pertencer, não tanto por um recíproco interêsse pessoal, senão por um interêsse mútuo e "puro" pelo ideal; o amor às pessoas subordina-se ao amor "à Causa". Psicològicamente, isto ajuda o jovem a dominar as emoções sexuais e agressivas ainda ameaçadoras, bem como os problemas que resultam da busca da identidade.

O idealismo é uma das mais notáveis características da segunda fase da adolescência; o idealismo do jovem é lendário. O zêlo, a convicção, o ardor e o sacrifício são virtudes comuns na luta pelos ideais, e isso explica em grande parte a possibilidade de que certa quantidade de mudança cultural seja estimulada e até mesmo iniciada pelo adolescente.

IDENTIDADE E ESCOLHA OCUPACIONAL

À busca da identidade inere a necessidade de eleger a futura ocupação, cuja escolha é determinada por tôdas as influências relevantes na vida de uma criança: a identificação dos pais, a firmeza da identidade sexual, a capacidade de avaliar os próprios talentos e capacidades, o efeito dos conflitos residuais do início da infância e as alternativas sócio-econômicas existentes. Ao mesmo tempo, a seleção e a busca da ocupação também conduzem a uma nova consolidação da identidade pessoal e cultural.

Exemplifiquemos: a decisão do adolescente, na segunda parte da adolescência, de tornar-se médico pode ter muitas raízes. Sua relação com o pai incluía a prolongada moléstia paterna, durante a qual o médico era a única pessoa a quem o pai recorria e obedecia; fazendo-se médico, o jovem se torna alguém que o pai ouve e respeita. Em virtude da moléstia do marido, a mãe também dependeu muitíssimo do médico; dessa maneira, ao tornar-se médico, o rapaz realizaria desejos edípicos inconscientes de intimidade com sua mãe. Para êle, ser médico significa ainda ser ativo em lugar de ser passivo, uma consecução masculina, uma espécie de potência socialmente reconhecida. O desejo de utilizar o seu bom intelecto se veria satisfeito nessa ocupação altamente profissional. Também é importante a existência de substanciais recompensas sociais e econômicas na profissão. E, finalmente, debaixo de tudo isso, jazem desejos infantis esquecidos, que nunca foram adequadamente resolvidos: ver o corpo humano nu e aprender tudo a seu respeito; ouvir segredos íntimos; enfrentar a dor e o sangue e lidar com êles.

Todos êsses fatôres, conscientes e inconscientes, desempenham uma parte na escolha de carreira pelo adolescente.

ATINGIMENTO DAS PRERROGATIVAS ADULTAS

Na cultura ocidental, a primeira oportunidade de exercer e gozar as prerrogativas adultas aparece usualmente na segunda fase da adolescência. O jovem pode empregar-se e perceber um salário razoável, de modo que a sua dependência financeira dos pais diminui e, em certos casos, cessa. A lei lhe permite dirigir automóvel e, com os empregos que ora se encontram à sua disposição, muitos adolescentes mantêm seu próprio carro. O hábito de fumar e de beber é comum nessa época; em algumas localidades os adolescentes têm permissão para beber ao atingirem os 18 anos de idade. Dêsse e de outros modos, a cultura lhes oferece novas oportunidades para realizar explorações e experiências no mundo adulto.

Nesse período, quando aquêle que já não é criança, às vêzes e de certas maneiras, só "brinca" de ser adulto, as fronteiras entre a adolescência e o estado adulto são

108

fluidas e as relações entre as duas gerações se vêem pejadas de conflitos. O adolescente aceita com ardor e até exige agressivamente as prerrogativas adultas, mas resiste com denôdo ao direito dos adultos de lhe controlarem ou limitarem o uso que faz delas. Por outro lado, os adultos não sabem se devem ser tolerantes e fazer vista grossa aos excessos dos adolescentes, freqüentemente perigosos para êles mesmos ou para outros, ou se devem pedir-lhes contas rigorosas dos seus atos em têrmos adultos. Mas o adolescente parece inflexível na determinação de impor suas condições à cultura adulta.

No âmbito ampliado de atividades possíveis, na segunda fase da adolescência, o adolescente talvez ache sua independência e sua identidade demasiado tênues para funcionar em pé de igualdade com as dos adultos. Pôsto que, às vêzes, capaz de altruísmo e abnegação, êle continua zelosamente a guardar o seu isolamento e a sua autonomia. Êsse alheamento o defende tanto dos próprios desejos residuais de dependência quanto da influência dos adultos. Ainda são essencialmente as suas próprias necessidades que contam. O ardor com que se defende nesse sentido revela se êle realizou efetivamente a tarefa da separação e independência dos pais. Enquanto se puderem despertar de pronto vigorosas emoções dependentes, os velhos laços ainda estarão fortes, e o *status* será ainda muito mais de rebelião do que independência.

Existe um elo estreito entre a preocupação narcisista consigo mesmo e a continuada busca da identidade. Isto se evidencia sobretudo no uso que faz o adolescente das prerrogativas adultas a que recentemente teve acesso. Êle terá maiores probabilidades de usá-las como meio de auto--exploração adicional do que por suas funções presumìvelmente adequadas. Um adolescente não bebe para relaxar-se nem para embriagar-se, senão, muito mais, para descobrir qual é exatamente a espécie de sensações que produz a bebida e, no processo, dominar as novas experiências. Só depois de haver aprendido tôdas essas coisas é que a experimentação de um efeito particular do álcool se converte no objetivo regular do beber, mas êste já é um uso adulto do álcool.

Os fenômenos associados ao automóvel, sobretudo nos Estados Unidos, sintetizam essa mesma facêta da adolescência. Se bem o carro seja grandemente apreciado pelo adolescente, isto não ocorre apenas, nem mesmo em primeiro lugar, em razão de sua utilidade como meio de transporte. Grande parte da sua importância reside na capacidade de expressar e gradativamente resolver conflitos interiores, através da experimentação repetida. O carro satisfaz a muitas necessidades e tem muitos significados simbólicos.

O automóvel serve aos propósitos de independência dos pais e da supervisão adulta; de rebeldia e de fuga; de mobilidade e de liberdade da coibição; de poder e ação recém-encontrados. Proporciona energia ilimitada e autocontida e, portanto, representa a auto-suficiência importantíssima, embora geradora de ansiedade, que o adolescente forceja por atingir.

O carro também representa o corpo humano: em sua aparência externa, em suas linhas, em sua pintura, em seu estofamento, é a imagem do corpo que o adolescente deseja contemplar, admirar, tocar, examinar e até cheirar; em sua mecânica e em seu funcionamento interno é o corpo com suas funções interiores, escondidas — aqui a intensa curiosidade do adolescente se sublima no "consêrto", na modificação, na desmontagem e na montagem do carro; os melhoramentos que nêle introduz, tanto externa quanto internamente, expressam o desejo de aprimorar-se.

O automóvel serve ainda à vida fantasiosa do adolescente, de ordinário inconscientemente. Representa o pênis, como se patenteia, por exemplo, no orgulho da posse e na preferência por uma alavanca de câmbio em forma de "bastão", repetidamente manipulada na expressão, no contrôle e na modulação da velocidade e da potência. Como símbolo do pênis, é orgulhosamente exibido numa ostentação de côr, estilo e virilidade, por assim dizer, na "dança" do acasalamento; ou pode ser usado agressivamente contra outros

110

como arma penetrante, a modo de aríete. Num plano regressivo, o carro serve para expressar hostilidade e desprêzo no simbólico "peido" do cano de escapamento, que deixa uma esteira barulhenta e mefítica de gases queimados.

Para os meninos o carro é tôdas essas coisas: símbolo ímpar de si mesmo. Para as meninas já o será muito menos, embora possa servir a um propósito semelhante no caso das que ainda não aceitaram plenamente a identidade feminina. Mas para a jovem que aceita a sua feminilidade, o automóvel do namorado torna-se uma espécie de extensão dêle. Objeto de admiração, lisonjeia-lhe os novos sentimentos pelo homem, que substituíram os primitivos sentimentos de inveja.

Finalmente, o que é importante, o automóvel carrega o rapaz e a môça para longe dos adultos. Proporciona isolamento para a experimentação sexual e, por fim, serve à busca e ao atingimento da identidade sexual e ao estabelecimento de relações heterossexuais maduras.

O TÉRMINO DA ADOLESCÊNCIA

Idealmente, o término da adolescência se caracteriza: 1) pelo atingimento da separação e da independência dos pais; 2) pelo estabelecimento da identidade sexual; 3) pela submissão ao trabalho; 4) pelo desenvolvimento de um sistema pessoal de valores morais; 5) pela capacidade de relações duradouras e de amor sexual, terno e genital, nas relações heterossexuais; e 6) pelo regresso aos pais numa nova relação baseada numa igualdade relativa.

O adolescente ingressa no mundo adulto capacitado e motivado para entrar em acôrdo com êle, embora nem sempre aceite os mesmos valores prescritos pelas gerações precedentes. As novas orientações para o eu, o mundo adulto e a vida são possibilitadas pelo conseguimento da independência, pelo estabelecimento de uma identidade firme e pelo restabelecimento de modos adequados de lidar com os impulsos instintuais, capazes de assegurar um equilíbrio mental e emocional relativamente estável.

Por mais perturbados que os adolescentes pareçam, ou realmente estejam, são boas as suas possibilidades de funcionarem com êxito no estado adulto enquanto os seus mecanismos de adaptação e defesa permanecerem flexíveis e houver esperança de uma sadia solução. Resolvidos os vários conflitos, quer por meios normais, quer por meios patológicos, a adolescência chega ao fim.

4

DINÂMICA DAS RESPOSTAS ADULTAS À ADOLESCÊNCIA

Graças ao rápido crescimento físico, às surpreendentes mudanças fisiológicas da puberdade e às alterações correspondentes da personalidade e do comportamento, a adolescência obriga à atenção. Os adultos reconhecem que o adolescente, estando como está a pique de alcançar a plena maturidade física e sexual, deve ser tomado em consideração pela sociedade. Êle e os seus iguais constituem os novos recursos criativos e produtivos disponíveis do grupo cultural. Com a sua grande energia, a crescente franquia da supervisão paterna, o anseio de novas idéias e novas ideologias e o seu acesso a elas, o adolescente traz consigo tremendo potencial construtivo ou destrutivo.

Como dissemos, os adultos parecem haver recalcado os sentimentos e conflitos dos seus anos adolescentes e, portanto, acham difícil reportar-se a êles para identificar-se com o adolescente e comprender-lhe o dilema de modo a poder ajudá-lo. Pelo simples fato de sua existência e do seu comportamento, o adolescente desperta ansiedade, consternação e a alarma nos pais e adultos em geral. As tentativas para resolver disputas e conflitos pela discussão e pelo raciocínio freqüentemente malogram e o adulto, chegado a êsse ponto. ou desiste, desesperado, ou recorre ao uso de uma autoridade evanescente. Em resultado disso, o adolescente e o adulto tendem a afastar-se um do outro, e o primeiro se inclina a pensar que está sendo dirigido,

113

empurrado e não respeitado como indivíduo que tem direitos próprios.

As instituições culturais ligadas à adolescência podem ser encaradas como a resposta defensiva dos adultos aos adolescentes. Uma determinante dessas respostas adultas (sociais) é a série de expectativas, conscientes ou inconscientes, relativas ao papel ou aos papéis que o adolescente deve representar na sociedade. Parece razoável presumir que êsses papéis esperados geralmente se destinam a ajustar-se à cultura existente e a defendê-la. Espera-se que os jovens sejam patriotas e se disponham a lutar pelo seu país. Espera-se que sejam religiosos, freqüentem a igreja, e talvez lecionem nas escolas dominicais. Quando trabalham, devem ajudar a sustentar a casa. Se ainda estão na escola, podem ao menos tomar conta dos irmãos menores e fazer trabalhos caseiros. Se se casarem, espera-se que escolham consortes que melhorem o *status* social e econômico da família. A escolha da carreira também se há de enquadrar nas expectativas da família e da cultura.

De um lado, os adultos se interessam em manter o *status quo* porque a sua identidade e a sua segurança residem na cultura conhecida e existente; um esfôrço importante dirigido aos adolescentes visa à preservação dos *mores* e das instituições culturais existentes. Por outro lado, tanto os indivíduos quanto as culturas poderão, em determinadas ocasiões, opor-se à generalização. Os adultos compreensivos e perspicazes quererão que seus filhos se tornem maduros e insistem numa mudança cultural sadia e construtiva. Em culturas que estão passando por transições importantes, como a nossa, os adultos, infelizmente, talvez não concordem acêrca de valores morais básicos e princípios sociais. A que horas, por exemplo, um adolescente de 15 anos deve voltar para casa depois de um encontro com a namorada? A resposta varia de acôrdo com a família. A natureza das expectativas adultas, ou melhor, a confusão ou ausência de expectativas coerentes, é fruto dessa incerteza.

A coerência ou incoerência de atitudes culturais exerce importante influência sôbre a saúde emocional do jovem.

114

Já se insinuou que as crianças não se tornam neuróticas em resultado de frustrações determinadas pela cultura senão porque a cultura é obscura ou se acha em conflito no tocante ao valor das frustrações impostas. Por exemplo, é mais fácil a um jovem adaptar-se à abstinência sexual antenupcial quando a santidade do casamento e a inevitabilidade do castigo divino aplicado ao pecador fazem parte verdadeira e significativa das crenças culturais. Uma atitude que careça de firmeza, tanto nos adultos individualmente quanto na cultura, não proporciona um modêlo definitivo, seja para a identificação, seja para a rebelião. Outra diminuição da clareza das expectativas deriva da perda de uma nítida diferenciação entre os papéis masculinos e femininos na família e na sociedade.

Certas expectações impostas aos futuros adultos podem ser vistas não só como projeção das necessidades do adulto no adolescente, mas também como defesa do adulto contra a autodivisão. O adolescente torna-se uma extensão do adulto, com o fardo impôsto de lhe manter e realizar os desejos. O exemplo clássico é o do pai que, em lhe faltando oportunidade ou talento para atingir um alvo altamente apreciado, como a obtenção de um diploma de curso superior, impõe êsse alvo ao filho. Um pai nessas condições deseja veementemente que os seus sentimentos de fracasso e de insuficiência sejam anulados pelas conquistas dos filhos.

A reação adulta à adolescência também é determinada pela presença de conflitos inconscientes não resolvidos no pai, na mãe ou na família. Tais conflitos podem interferir na tarefa paterna de dois gumes de interpretar e apresentar valores culturais ao adolescente, ao mesmo tempo que lhe concedem a necessária liberdade para a formação da identidade individual. O excessivo rigor de certos pais ao tentarem reprimir qualquer experiência sexual dos filhos adolescentes pode ser acompanhado paradoxalmente de um comportamento paterno sedutor, sexualmente estimulante, que excita as mesmas emoções que o pai tanto forceja por afastar. Os desejos inconscientes dos pais expressam uma atitude ao passo que as suas diretrizes conscientes dizem exatamente o contrário.

115

Por exemplo, o pai compartilha do banheiro com a filha adolescente, pela manhã, quando ambos vestem apenas suas roupas interiores; e êle, no entanto, proíbe a filha de ir com as amigas a uma festa naquela noite porque ouviu dizer que ali se costuma contar piadas sujas diante de môças e rapazes. A jovem recebe uma mensagem contraditória e desconcertante, mais desconcertante ainda porque sabe que a maioria dos pais não partilha do banheiro com as filhas adolescentes, e porque sabe também que outros pais, menos severos e proibitivos, não estão aparentemente tão convencidos de que os rapazes e as môças só saem para fazer "besteiras". Dessarte, os conflitos e defesas pessoais dos pais poderão fazer dêles maus veículos das atitudes prescritas pela cultura.

As expectativas adultas em relação aos adolescentes, portanto, podem refletir problemas não resolvidos no adulto. Além de tentar transferir a responsabilidade para o adolescente, exigindo que êle faça alguma coisa ou sustente valores que o próprio adulto evitou, alguns adultos, inconscientemente, "paternizam" o adolescente pelo desejo de inverter a ordem existente, tornando-se dependente dêle e aprendendo com êle. Outros adultos percebem inconscientemente no filho uma extensão de si mesmos, obscurecendo assim, inteiramente, os esforços do adolescente na busca da identidade.

O adolescente não só colide com os conflitos paternos não resolvidos, mas também é singularmente provocativo e eficaz no despertar êsses conflitos, desrecalcando-os e ativando-os. Êste é um fator importante na difundida intolerância que tantos adultos revelam em relação aos adolescentes. O comportamento agressivo e sexual do adolescente provoca uma série de sentimentos no adulto. Os pais de classe média que chegam a casa à noite e encontram o filho adolescente eròticamente abraçado à filha do vizinho podem responder "não vendo" o que está acontecendo, rindo-se, passando um sermão ou, em certos ambientes "emancipados", aprovando o que viram.

A contestação dos valores adultos pelo adolescente e a sua recusa em aceitar implìcitamente as instituições da

116

sociedade também geram sentimentos de dúvida e ansiedade no adulto, bem como nova tomada de consciência de suas limitações e fracassos. As soluções insatisfatórias ou inadequadas de identidade sexual ou de escolha ocupacional e ideológica, na melhor das hipóteses, são inseguras, algumas formas antiquadas, ineficazes ou até perniciosas de encarar a vida, sôbre as quais os adultos basearam a sua existência são, às vêzes desapiedadamente desmascaradas pelo ceticismo adolescente. Por exemplo, os pais podem ter atingido penosamente um equilíbrio precário, mas viável, entre as rigorosas atitudes religiosas dos seus próprios pais, as atividades religiosas menos conservadoras do seu grupo social, e suas dúvidas e convicções pessoais a respeito de questões religiosas; mas êsse equilíbrio é abalável pelos bruscos desafios e críticas "lógicas" do adolescente feitas às idéias paternas. A penosa exposição e a auto-reavaliação provocadas pelo "mostre-me" ou "prove-me" do adolescente e pelo seu comportamento, que os adultos poderão invejar mas que já não poderão adotar, são difíceis de experimentar com equanimidade.

Outra fonte de constrangimento do adulto em sua relação com adolescentes é o fato de poder ser o jovem, vigoroso, sadio, atraente, objeto de interêsse sexual para o pai, do sexo oposto, em parte consciente e em parte inconscientemente. A atração entre pais e filhos não é uma resposta de sentido único, e o seu revivescimento na adolescência pode evocar vigorosamente o desejo paterno recíproco. Êsse desejo, que tanto é tabu para o pai quanto para o jovem, é normalmente afastado. A intolerância adulta e a evitação dos adolescentes servem amiúde aos mesmos propósitos defensivos do repúdio adolescente dos pais.

Neste contexto geral, importa notar que a paternidade pode ser considerada, com propriedade, uma fase do desenvolvimento humano. O comportamento defensivo dos pais em relação aos filhos é determinado por diversos fatôres: 1) a existência continuada e dinâmicamente significativa no pai (em níveis conscientes ou inconscientes, ou em ambos) de conflitos não resolvidos de suas próprias experiências infantis; 2) o desejo onipresente de solução dêsses conflitos a fim de obter alívio da tensão; 3) a oportunidade de tentar a solução revivendo vicàriamente a própria infância através da identificação com o filho.

As instituições culturais são os meios padronizados e geralmente aceitos a fim de expressar assim como de inibir os impulsos instintuais. Os *mores* culturais podem ser considerados manobras defensivas e adaptativas de massa, que visam a conseguir um compromisso possível entre impulsos biológicos universais e padrões e valores localmente partilhados. Os adolescentes são moscardos que enxameiam o corpo da cultura e, nesse papel, exercem efeito terapêutico sôbre os adultos, estimulando-os a mudar; a velhice inevitàvelmente cede à mocidade. E é na divisa entre a adolescência e o estado adulto que a mudança e o movimento culturais tantas vêzes se verificam.

CONCLUSÃO

O adolescente normal tem muitas tarefas para realizar no seu progresso da infância para o estado adulto. Reavalia-se e reavalia simultâneamente os pais, porém com menos idealização e deformação e mais realismo do que na infância. Vê os pais e vê-se a si mesmo como sêres humanos dotados de fôrças e fraquezas. Formula novos julgamentos de valor sôbre os componentes de sua identidade, largamente derivados de seus pais e interiorizados em seu ego, sua consciência e seus ideiais.

Promissoramente, conserva as identificações sadias e descarta-se das inadequadas e não realistas, atingindo assim, ao mesmo tempo, uma harmonia interna e uma relação exeqüível com a sociedade.

Chega a um acôrdo com as mudanças que se lhe verificam no corpo, fazendo experiências com suas novas capacidades sexuais e agressivas e dominando-as. Simultâneamente, encontra maneiras de controlar e subjugar a aumentada energia dos seus impulsos. Começa a reintegrar-se, estabelecendo uma nova identidade, que inclui modificações na imagem do próprio corpo, um conceito de si mesmo como adulto que surge com capacidade de procriação e um sistema de valores aceito como seu e não como algo impôsto pelos pais. Olha para o futuro, tomando decisões sôbre a sua educação e ocupação e vendo nelas as pré-condições de sua outra meta principal: a escolha de um cônjuge e a constituição de uma família.

À medida que se realizam, gradativamente, essas diversas tarefas, o adolescente abre mão do seu apêgo ao grupo de iguais e começa a formar uma nova relação, mais madura, com adultos, incluindo seus pais, caracterizada pelo respeito e pelo verdadeiro intercâmbio, mas também pela manutenção da sua integridade, autonomia e dose realística de independência. Quando se casa, é finalmente capaz de amar os filhos e a consorte, esta última, ao mesmo tempo, terna e sexualmente. Na nova família, procurará a satisfação de necessidades normais de dependência e, como pai, tenderá de nôvo a reviver e resolver os conflitos de sua infância e adolescência.

Diversos pontos de particular destaque podem ser respigados neste livro:

1. O equilíbrio razoàvelmente estável que assinala o término psicológico da adolescência é um equilíbrio de tensão dinâmica, não de estase. Será provàvelmente rompido por qualquer das possíveis crises futuras: crises fisiológicas normais, como a gravidez, a menopausa e a senilidade; crises humanas normais, como o casamento, os filhos, as doenças, a morte; e crises de destino, como o fogo, a inundação ou a perda do emprêgo.

2. A forma e as manifestações específicas da adolescência resultam da contínua interação de fôrças biológicas, culturais e psicológicas. O surto da puberdade comunica particular urgência ao jôgo recíproco dessas fôrças. Em nossa cultura é uma época de crise, freqüentemente de grande crise. Em outras culturas é possível que a puberdade ocasione poucos distúrbios na corrente da vida.

3. Um número surpreendente de costumes e instituições culturais pode ser tido como resultante das reações de adultos a adolescentes. Desenvolvem-se em resposta ao desafio que os adolescentes lançam à sociedade adulta, seus valores e *mores* culturais existentes.

4. O conflito entre as gerações pode ser uma experiência enriquecedora para uma sociedade e é, com freqüência, o ponto nodal da mudança cultural. A mudança ocorrerá de qualquer lado da superfície de contacto entre as gerações; os adolescentes, sobretudo na segunda fase da

adolescência, apresentam muita coisa nova; e os adultos podem responder com novas atitudes e novas soluções. É comum, porém, registrar-se um cerceamento dos adolescentes — compreensível reação defensiva dos adultos, que imaginam estar sendo deslocados.

Voltamos inevitàvelmente à contemplação da natureza da cultura dentro da qual ocorre esta fase excitante e caracterìsticamente humana do desenvolvimento. Apesar da universalidade da puberdade, a resposta que ela impõe à nossa cultura de classe média é única, e seria inteligível em qualquer outra cultura.

Neste livro tentamos retratar a adolescência, não julgá-la. É fato, contudo, que os adolescentes estão sendo constantemente julgados pela nossa cultura. A adolescência é uma época difícil, tanto para os jovens quanto para a sociedade, e por isso convém que quaisquer tentativas de avaliação sejam feitas em ambos os sentidos. Numa cultura complexa, que se move depressa, como a nossa, os modelos de pais são, por vêzes, inaplicáveis ou inadequados. Os pais podem ser freqüentemente mal orientados nos estilos de personalidade que querem impor aos filhos, e o adolescente, não raro, precisa improvisar a sua identidade à medida que progride.

Através de quais costumes e instituições pode a sociedade compensar melhor as deficiências dos pais considerados individualmente? Que utilidade têm os estilos estereotipados de rebelião adolescente para o indivíduo que busca a sua identidade? De que maneira a resistência à autoridade exercita alguém a sofrê-la? Como se pode conciliar o mêdo da excessiva dependência e da perda de identidade com o desejo de ser amado e de pertencer a alguém ou a alguma coisa? Até que ponto somos beneficiários potenciais da sociedade, e até que ponto a sociedade é nossa inimiga? Até onde podemos chegar no afã de mudar-nos, e quanto podemos mudar a sociedade?

A nossa perspectiva nos acena com a possibilidade não só de distúrbios no desenvolvimento adolescente, mas também de normas sociais patogênicas em nossa cultura. Esta é apenas uma das muitas culturas, criação humana do passado feita às cegas, fenômeno que seríamos mais capazes de controlar se o compreendêssemos e de revisar se soubéssemos o que lhe fala: Até certo ponto, tôda sociedade fabrica seus problemas e, na nossa, um exemplo disso talvez seja o "problema" da adolescência. A psiquiatria preventiva lança os olhos além do conhecimento das causas para efetuar uma mudança nas condições epidemiológicas. Dir-se-á que a terapia das instituições culturais é uma possibilidade e necessidade tão grande quanto a terapia dos indivíduos.

A livre comunicação entre o adolescente e o adulto é difícil, tanto assim que muitos observadores profissionais duvidam que as divergências entre as gerações numa sociedade que se move depressa possam ser superadas. No seu entender, o máximo talvez que se pode esperar é a tolerância mútua, a negociação sincera e a coexistência relativamente pacífica. Nós, que formulamos êste relatório, aceitamos a dificuldade, até mesmo a improbabilidade, de se travarem relações realmente empáticas entre gerações sucessivas. Sem embargo disso, esperamos que esta compreensiva apresentação da interação dinâmica de fôrças biológicas, psicológicas e culturais na fase adolescente do desenvolvimento ajude a proporcionar compreensão e perspectiva, a promover a tolerância mútua e a facilitar relações mais realistas e construtivas entre adolescentes e adultos.

APÊNDICE A[1]

Foge à finalidade dêste livro apresentar uma completa exposição da anatomia e da fisiologia pubertárias, mas aqui se incluem alguns pormenores e estatísticas do desenvolvimento.

A endocrinologia da adolescência

De acôrdo com o parecer unânime dos endocrinologistas, os acontecimentos da arrancada do crescimento adolescente se verificam sob o contrôle hormônico. A maturação normal depende do desenvolvimento e do funcionamento ordenados do mecanismo que inclui o hipotálamo, a hipófise, as gônadas e a cápsula supra-renal. A época da puberdade é uma época de grande transição, em que as atividades do mecanismo hipotalâmico-hipofisário deixam de ser as que governam apenas o crescimento e o desenvolvimento somático e passam a ser as que regulam também a secreção dos hormônios sexuais. Ocorre uma série complexa de mudanças nos ritmos de secreção glandular e possìvelmente na sensibilidade de vários tecidos aos hormônios.

A determinação do momento do desenvolvimento sexual adolescente parece depender, em primeiro lugar, da ma-

---

(1) Esta exposição se baseia, em grande parte, nas publicações de Tanner, Wilkins, Talbot *et al.*, e de Heald *et al.* O leitor encontrará maiores informações nessas obras e nas de outros autores, citadas na Bibliografia.

turação de certos centros do sistema nervoso central. Acredita-se que isto elimine alguma inibição da célula nervosa e estimule a hipófise anterior, possìvelmente através da formação de um "fator de liberação da gonadotropina" no hipotálamo. A puberdade é iniciada pela atividade gonadotrópica hipofisária, como o indica o aparecimento de gonadotropinas urinárias, com a produção de hormônio estimulante de folículos (em ambos os sexos) e hormônio luteinizante (feminino) ou hormônio de estimulação da célula intersticial (masculino).

As gonadotropinas urinárias só se encontram geralmente no homem depois dos 13 anos de idade, quando o seu aparecimento coincide com o crescimento dos testículos e do escroto. O hormônio estimulante de folículos é responsável pelo desenvolvimento dos canais seminíferos e pela espermatogênese. O hormônio estimulador das células intersticiais produz a diferenciação do tecido intersticial em células de Laydig, que segregam androgênios, o principal dos quais é a testosterona. Para que ocorra a espermatogênese, é preciso que os testículos estejam no escroto. Na criptorquia os testículos permanecem na cavidade abdominal e as células espermáticas nos canais não amadurecem, muito embora se produza androgênio e se registre a virilização. A incidência dos testículos que não descem é de cêrca de 10% por ocasião do nascimento, proporção essa reduzida, pela descida espontânea, a 3% quando a criança completa 1 ano de idade e a 0,3% por ocasião da puberdade.

Na mulher, as gonadotropinas são detectadas, pela primeira vez, aos 11 anos de idade. Sob a influência do hormônio estimulador dos folículos, os folículos de Graaf nos ovários começam a maturar e a segregar estrogênio. O hormônio luteinizante é necessário para produzir a ruptura do folículo e a descarga do óvulo maduro. O corpo lúteo se forma ràpidamente e, sob a influência adicional do hormônio luteinizante, segrega a progesterona. A progesterona produz as mudanças secretórias no endométrio do útero e as mudanças dos lóbulos e ácidos dos seios durante a fase lútea do ciclo menstrual. Com a flutuante e crescente liberação de gonadotropinas da hipófise, a atividade endócrina do ovário aumenta de maneira cíclica até ocorrer a menarca, aos 12 ou 13 anos de idade. Na primeira fase da adolescência os períodos menstruais acontecem freqüentemente em resposta à flutuação hormônica, sem que se verifique a ovulação.

Durante os anos pré-adolescentes em ambos os sexos as glândulas supra-renais formam pequenas quantidades de estrogênio e androgênio. O estrogênio se encontra em quantidades íntimas na urina de meninos e meninas de 3 a 8 anos de idade. Em ambos os sexos se registra uma lenta ascensão até à idade de 11 anos, que no homem continua através da maturação. Na mulher, com produção de estrogênio pelo ovário, há uma elevação pronunciada, que aumenta até cêrca de três anos após a menarca.

O estrogênio estimula o depósito de gordura no início da puberdade em ambos os sexos. Nas jovens, o depósito continua, caracterìsticamente distribuído pelos seios, pelos quadris e pelas pernas. No homem, o estrogênio pode causar um desenvolvimento transitório do tecido mamário. Na mulher, o estrogênio é responsável pelo crescimento e desenvolvimento do mamilo, das estruturas tubulares dos seios e dos pequenos lábios, da vulva, da vagina, do útero e das trompas de Falópio. O epitélio vaginal passa a ser do tipo escamoso estratificado e já se podem examinar esfregaços de vagina a fim de verificar a presença e a extensão da atividade estrogênica.

Os androgênios supra-renais, detectados pela excreção urinária de 17-cetosteróides neutros, são formados em pequenas quantidades, que aumentam gradualmente, em ambos os sexos, desde o nascimento até aos 9 anos. Nessa idade se processa um aumento mais rápido de 17-cetosteróides urinários, semelhantes nos homens e nas mulheres, até mais ou menos 15 anos. Com o início da função testicular, verifica-se um aumento adicional de 17-cetosteróides, que, finalmente, torna a excreção nos homens 20% a 50% maior que nas mulheres. Êsse aumento continua lentamente após a adolescência até atingir o máximo no jovem adulto.

Agindo provàvelmente de maneira sinérgica com os hormônios do crescimento, os hormônios sexuais são responsáveis pela arrancada do crescimento adolescente, devendo-se o maior aumento nos meninos à produção de testosterona pelos testículos. O crescimento linear anual médio em ambos os sexos muda de duas para três polegadas (de 5 para 7,5cm) aos 10 e 11 anos nas meninas e aos 14 e 15 anos nos meninos. Durante a arrancada do crescimento, aumentam os centros epifisários dos ossos e gradativamente se estreitam as linhas epifisárias até ocorrer a fusão e cessar o crescimento.

Nos meninos, os ombros e a caixa torácica se alargam. Nas meninas, ocorre o característico alargamento da pelve. Nos meninos, registra-se rápido aumento de pêso com substancial aumento da musculatura.

Em ambos os sexos, os androgênios são responsáveis pelo aparecimento e pelas mudanças seguintes de pêlos púbicos e axilares e pelo desenvolvimento das glândulas sudoríparas e sebáceas. Nos homens, os androgênios provocam o aumento da vascularidade, da circunferência e do comprimento do pênis e o crescimento e a pigmentação da pele escrotal, que é enrugada pelo desenvolvimento e pela ação do darto. Os androgênios causam o crescimento da próstata e das vesículas seminais e também o desenvolvimento dos pêlos faciais e da laringe, com mudança de voz. Na mulher, os androgênios são responsáveis pelo desenvolvimento dos grandes lábios e do clitóris, que correspondem ao escroto e ao pênis.

A seqüência dos fenômenos pubertários

Nas meninas, o início dos fenômenos da puberdade obedece à ordem seguinte: aumento inicial dos seios; aparecimento de pêlos pubianos lisos, pigmentados; máximo crescimento físico; aparecimento de pêlos pubianos encarapinhados; menstruação; crescimento dos pêlos axilares. Vale notar que a menstruação ocorre depois de ter sido atingido o completo crescimento, quase sempre após o ápice do crescimento em altura. A plena função reprodutora surge um ou mais anos após o início da menstruação, e a fertilidade máxima ocorre no início da década dos 20 anos.

Nos meninos é a seguinte a ordem correspondente dos fenômenos: início do crescimento dos testículos; pêlos pubianos lisos, pigmentados; início do aumento do pênis; primeiras mudanças de voz; primeira ejaculação; pêlos pubianos encarapinhados; idade do crescimento máximo; pêlos axilares; acentuadas mudanças de voz; o desenvolvimento da barba. O rápido crescimento da altura e do tamanho do pênis ocorre normalmente cêrca de um ano após o desenvolvimento dos testículos.

O DESENVOLVIMENTO GENITAL DOS HOMENS

1.ª fase. (Pré-pubertária) Os testículos, o escroto e o pênis têm mais ou menos tamanho e proporção idênticos aos da primeira infância.

2.ª fase. (Pubertária) aumento do escroto e dos testículos. A pele do escroto se avermelha e muda de textura. Pequeno ou nenhum aumento do pênis nesta fase.

3.ª fase. Aumento do pênis, sobretudo no sentido do comprimento. Continua o crescimento dos testículos e do escroto.

4.ª fase. Tamanho aumentado do pênis com crescimento em diâmetro e desenvolvimento da glande. Continua o aumento dos testículos e do escroto; aumento do escurecimento da pele escrotal.

5.ª fase. Os órgãos genitais têm a forma e o tamanho adultos.

O período médio de idade para essas mudanças vai dos 12 aos 16 anos; os limites normais de idade em que essas mudanças podem ocorrer são 10 e 18 anos.

Desenvolvimento dos caracteres sexuais secundários

MUDANÇAS NOS SEIOS

1.ª fase. (Pré-pubertária) Eleva-se apenas a papila.

2.ª fase. (Pubertária) Fase do desabrochar do seio: elevação do seio e da papila como um montículo. Alargamento do diâmetro areolar.

3.ª fase. Continua o aumento do seio e da aréola, sem separação dos seus contornos.

4.ª fase. Projeção da aréola e da papila para formar um montículo secundário acima do nível do seio.

5.ª fase. Fase madura: projeta-se apenas a papila, em virtude da volta da aréola ao contôrno geral do seio.

O período médio de idade para essas mudanças vai dos 11 aos 13½ anos; os limites normais de idade para o aparecimento da fase do desabrochar do seio são 8 e 13 anos. O desenvolvimento dos alvéolos glandulares para a lactação aguarda a ocorrência da gravidez.

(A aréola do seio masculino costuma dobrar de diâmetro; em cêrca de um têrço dos meninos se observa algum desenvolvimento mamário e projeção areolar.)

MUDANÇA DE VOZ

As mudanças de voz nos homens devem-se à dilatação da laringe, que usualmente se verifica simultâneamente com o crescimento do pênis; a voz principia a tornar-se perceptìvelmente grave à medida que o desenvolvimento do pênis se aproxima do fim. Muitas vêzes, porém, a mudança de voz é tão gradual que tem pouco valor para a precisa avaliação do desenvolvimento pubertário.

PÊLOS PUBIANOS

1.ª fase. (Pré-adolescente). Não há diferenciação entre os pêlos sôbre o púbis e sôbre a parede abdominal.

2.ª fase. Crescimento esparso de pêlos longos, levemente pigmentados e penugentos, lisos ou levemente crespos, sobretudo na base do pênis ou ao longo dos lábios.

3.ª fase. Pêlos consideràvelmente mais escuros, mais grosseiros e mais crespos, esparsos sôbre a junção do púbis.

4.ª fase. Adultos no tipo mas ocupando uma área consideràvelmente mais reduzida do que os adultos. Não se nota ainda difusão para a superfície interna das coxas.

5.ª fase. Adultos na quantidade e no tipo, com distribuição segundo o padrão horizontal. Difundidos para a superfície interna das coxas, mas não até a *linea alba* nem em parte alguma acima da base do triângulo invertido.

6.ª fase. Nova difusão dos pêlos púbicos em cêrca de 80% dos homens e 10% das mulheres; essa fase, com freqüência, só se completa no meado da década dos 20 anos, ou depois.

Os limites normais de idade, nas meninas para a ocorrência da 2.ª fase são 8 e 14 anos; o período médio de idade para as ocorrências registradas desde a 2.ª até à 5.ª fase vai dos 11 aos 14 anos. Nos meninos, a 2.ª fase ocorre normalmente dentro dos limites de idade, entre 10 e 15 anos; o período médio de idade para as ocorrências registradas desde a 2.ª até à 5.ª fase vai dos 12 aos 16 anos.

PÊLOS AXILARES E FACIAIS

Os pêlos axilares costumam surgir cêrca de dois anos após o aparecimento dos pêlos púbicos. Os pêlos faciais dos rapazes crescem simultâneamente com os pêlos axilares. Tìpicamente, o primeiro crescimento e a primeira pigmentação ocorrem nos cantos do lábio superior e, a seguir, se espalham por cima do lábio superior, na parte superior e, a seguir, se espalham por cima do lábio superior, na parte superior das faces e na linha média abaixo do lábio inferior, nos lados e no bordo inferior do queixo e, finalmente, no pescoço.

GLÂNDULAS SUDORÍPARAS E SEBÁCEAS

Tanto nos meninos quanto nas meninas a ampliação das glândulas sudoríparas, com o cheiro típico da transpiração, começa, aproximadamente, na ocasião em que os pêlos axilares principiam a crescer. Ao mesmo tempo, as glândulas sebáceas se alargam e tornam-se mais ativas. Porque os canais secretores dessas glândulas não se alargam proporcionalmente para fazer face ao aumento da secreção, ficam freqüentemente entupidos e infeccionam-se com facilidade. O estado que disso resulta é a acne, ou espinha, aflição comum e perfeitamente normal, característica da fase da adolescência.

APÊNDICE B

Comitês, * Membros, e funcionários do Grupo Para o Adiantamento da Psiquiatria em 1.º de julho de 1967.

Comitê Sôbre Envelhecimento
Jack Weinberg, *Presidente,* Chicago
Robert N. Butler, Washington, D. C.
Alvin I. Goldfarb, Nova Iorque
Lawrence F. Greenleigh, Los Angeles
Maurice E. Linden, Filadélfia
Prescott W. Thompson, Topeka
Montague Ullman, Brooklyn

Comitê Sôbre Psiquiatria Infantil

Suzane T. van Amerongen, *Presidente,* Boston
E. James Anthony, São Luís
H. Donald Dunton, Nova Iorque
John F. Kenward, Chicago
William S. Langford, Nova Iorque
Dane G. Prugh, Denver
Exie E. Welsch, Nova Iorque

Comitê Sôbre o Estudante de Curso Superior

Harrison P. Eddy, *Presidente,* Nova Iorque
Robert L. Arnstein, New Haven
Alfred Flarsheim, Chicago

Alan Frank, Boulder, Colo.
Malkah Tolpin Notman, Brookline, Mass.
Earle Silber, Washington, D.C.
Benson R. Snyder, Cambridge, Mass.
Tom G. Stauffer, Scarsdale, N.Y.
J. B. Wheelwright, São Francisco

Comitê Sôbre a Família

Israel Zwerling, *Presidente,* Nova Iorque
Ivan Boszormenyi-Nagy, Filadélfia
L. Murray Bowen, Chevy Chase, Md.
David Mendell, Houston
Norman L. Paul, Cambridge, Mass.
Joseph Satten, Topeka
Kurt O. Schlesinger, São Francisco
John P. Spiegel, Cambridge, Mass.
Lyman C. Wynne, Bethesda, Md.

Comitê Sôbre Órgãos Governamentais

Harold Rosen, *Presidente,* Baltimore
William H. Anderson, Lansing, Mich.

(*) Os membros do Comitê sôbre a Adolescência são enumerados no Prefácio, à pág. 15.

131

Calvin S. Drayer, Filadélfia
Edward O. Harper, Cleveland
John E. Nardini, Washington, D. C.
Donald B. Peterson, Fulton, Mo.
Robert L. Williams, Gainesville, Fla.

COMITÊ SÔBRE RELAÇÕES INTERNACIONAIS

Robert L. Leopold, *Presidente,* Filadélfia
Francis F. Barnes, Chevy Chase, Md.
Joseph T. English, Washington, D. C.
Louis C. English, Pomona, N. Y.
John A. P. Millet, Nova Iorque
Bertram Schaffner, Nova Iorque
Mottram P. Torre, Nova Órleans
Bryant M. Wedge, Princeton, N. J.

COMITÊ SÔBRE EDUCAÇÃO MÉDICA

David R. Hawkins, *Presidente,* Chapel Hill, N. C.
Hugh T. Carmichael, Chicago
Robert S. Daniels, Chicago
Raymond Feldman, Boulder, Colo.
Saul Harrison, Ann Arbor
Herbert C. Modlin, Topeka
William L. Peltz, Filadélfia
David S. Sanders, Beverly Hills
Roy M. Whitman, Cincinnati

COMITÊ SÔBRE SERVIÇOS DE SAÚDE MENTAL

Lucy D. Ozarin, *Presidente,* Bethesda, Md.
Walter E. Barton, Washington, D.C.
Morris E. Chafetz, Boston
Merril Eaton, Omaha
James B. Funkhouser, Richmond, Va.
Robert S. Garber, Belle Mead, N. J.
Ernest W. Klatte, Talmage, Califórnia
W. Walter Menninger, Topeka
Francis J. O'Neill, Central Islip, N.Y.

Lee G. Sewall, N. Little Rock, Ark.
Jack A. Wolford, Pittsburgh

COMITÊ SÔBRE RETARDAMENTO MENTAL

Leo Madow, *Presidente,* Filadélfia
Howard V. Bair, Parsons, Kans.
Peter W. Bowman, Pownal, Me.
Stuart M. Finch, Ann Arbor
Irving Philips, São Francisco
George Tarjan, Los Angeles
Warren T. Vaughan, Jr., San Mateo
Thomas G. Webster, Bethesda, Md.
Henry H. Work, Los Angeles

COMITÊ SÔBRE PSIQUIATRIA PREVENTIVA

Stephen Fleck, *Presidente,* New Haven
Gerald Caplan, Boston
Jules V. Coleman, New Haven
Leonard J. Duhl, Washington, D.C.
Albert J. Glass, Oklahoma City
Benjamin Jeffries, Harper Woods, Mich.
E. James Lieberman, Washington, D.C.
Mary E. Mercer, Nyack, N. Y.
Harris B. Peck, Bronx, N. Y.
Marvin E. Perkins, Nova Iorque
Harold M. Visotsky, Chicago
Stanley F. Yolles, Chevy Chase, Md.

COMITÊ SÔBRE PSIQUIATRIA E DIREITO

Zigmond M. Lebensohn, *Presidente,* Washington, D. C.
Edward T. Auer, São Luís
John Donnelly, Harford
Jay Katz, New Haven
Carl P. Malmquist, Minneapolis
Seymour Pollack, Los Angeles
Alan A. Stone, Cambridge, Mass.
Gene L. Usdin, Nova Órleans
Andrew S. Watson, Ann Arbor

COMITÊ SÔBRE PSIQUIATRIA E RELIGIÃO

John W. Higgins, *Presidente*, São Luís
Sidney Furst, Nova Iorque
Stanley A. Leavy, New Haven
Earl A. Loomis, Jr., Nova Iorque
Albert J. Lubin, Woodside, Calif.
Mortimer Ostow, Nova Iorque

COMITÊ SÔBRE PSIQUIATRIA E ASSISTÊNCIA SOCIAL

Edward C. Frank, *Presidente*, Louisville
C. Knight Aldrich, Chicago
Maurice R. Friend, Nova Iorque
John MacLeod, Cincinnati
John Nemiah, Boston
Eleanor A. Steele, Denver
Edward M. Weinshel, São Francisco

COMITÊ SÔBRE PSIQUIATRIA NA INDÚSTRIA

Harry H. Wagenheim, *Presidente*, Filadélfia
Spencer Bayles, Houston
Thomas L. Brannick, Rochester, Minn.
Matthew Brody, Brooklyn
Herbert L. Klemme, Topeka
Jeptha R. MacFarlane, Westbury, N. Y.
Alan A. McLean, Nova Iorque
Kenneth J. Munde, Memphis
Clarence J. Rowe, St. Paul
Graham C. Taylor, Montreal, Canadá

COMITÊ SÔBRE PSICOPATOLOGIA

Milton Greenblatt, *Presidente*, Boston
Wagner H. Bridger, Nova Iorque
Neil R. Burch, Houston
James H. Ewing, Wallingford, Pa.
Daniel X. Freedman, Chicago

Paul E. Huston, Iowa City
P. Herbert Leiderman, Palo Alto, Calif.
George E. Ruff, Filadélfia
Charles Shagass, Filadélfia
Albert J. Silverman, New Brunswick, N. J.
Marvin Stein, Brooklyn

COMITÊ SÔBRE EDUCAÇÃO PÚBLICA

Peter A. Martin, *Presidente*, Detroit
Leo E. Bartemeier, Baltimore
H. Waldo Bird, São Luís
Lloyd C. Elam, Nashville
Dana L. Farnsworth, Cambridge, Mass.
John P. Lambert, Katonah, N. Y.
Mildred Mitchell-Bateman, Charleston, W. Va.
Mabel Rosa, Boston
Mathew Ross, Chestnut Hill, Mass.
Julius Schreiber, Washington, D.C.
Kent A. Zimmerman, Berkeley

COMITÊ SÔBRE PESQUISA

Morris A. Lipton, *Presidente*, Chapel Hill, N.C.
Grete Bibring, Cambridge, Mass.
Louis A. Gottschalk, Cincinnati
Sheppard G. Kellam, Chicago
Gerald L. Klerman, New Haven
Ralph R. Notman, Brookline, Mass.
Franz Reichsman, Brooklyn
Richard E. Renneker, Los Angeles
Alfred H. Stanton, Boston

COMITÊ SÔBRE QUESTÕES SOCIAIS

Perry Ottenberg, *Presidente*, Filadélfia
Viola W. Bernard, Nova Iorque
Robert Coles, Cambridge, Mass.
Lester Grinspoon, Boston
Joel S. Handler, Chicago
Harold I. Lief, Nova Órleans
Judd Marmor, Los Angeles
Roy W. Menninger, Topeka

133

Arthur A. Miller, Chicago
Peter B. Neubauer, Nova Iorque
Charles A. Pinderhughes, Boston

COMITÊ SÔBRE CUIDADOS TERAPÊUTICOS

Benjamin Simon, *Presidente*, Boston
Ian L. W. Clancey, Ottawa, Canadá
Thomas E. Curtis, Chapel Hill, N. C.
Robert W. Gilbson, Towson, Md.
Harold A. Greenberg, Bethesda, Md.
Henry U. Grunebaum, Boston
Bernard H. Hall, Topeka
Lester H. Rudy, Chicago
Melvin Sabshin, Chicago
Robert E. Switzer, Topeka

COMITÊ SÔBRE TERAPIA

Peter H. Knapp, *Presidente*, Boston
Henry W. Brosin, Pittsburgh
Eugene Meyer, Baltimore
William C. Offenkrantz, Chicago
Lewis L. Robbins, Glen Oaks, N. Y.
Albert E. Scheflen, Bronx, N.Y.
Harley C. Shands, Nova Iorque
Lucia E. Tower, Chicago

MEMBROS COLABORADORES

Marvin L. Adland, Chevy Chase, Md.
Carlos C. Alden, Jr., Williamsville, N.Y.
Kenneth E. Appel, Filadélfia
M. Royden C. Astley, Pittsburgh
Charlotte Babcock, Pittsburgh
Walter H. Baer, Peoria, Ill.
Grace Baker, Nova Iorque
Benjamin H. Balser, Nova Iorque
Bernard Bandler, Boston
Alfred Paul Bay, Topeka
Anna R. Benjamin, Chicago
A. E. Bennett, Berkeley
Robert E. Bennett, Princeton, N.J.
Ivan C. Berlien, Coral Gables, Fla.
Sidney Berman, Washington, D.C.
Edward G. Billings, Denver
Carl A. L. Binger, Cambridge, Mass.

Daniel Blain, Filadélfia
Wilfred Bloomberg, Hartford
C. H. Hardin Braneh, Salt Lake City
Ewald W. Busse, Durham
Dale C. Cameron, Washington, D.C.
Norman Cameron, New Haven
Harvey H. Corman, Nova Iorque
Frank J. Curran, Nova Iorque
Bernard L. Diamond, Berkeley
Franklin G. Ebaugh, Denver
Stanley H. Eldred, Belmont, Mass.
Joel Elkes, Baltimore
O. Spurgeon English, Narbeth, Pa.
Jack R. Ewalt, Boston
Lawrence Z. Freedman, Chicago
Thomas M. French, Chicago
Moses M. Frohlich, Ann Arbor
Daniel H. Funkenstein, Boston
George E. Gardner, Boston
J. S. Gottlieb, Detroit
Maurice H. Greenhill, Scarsdale, N.Y.
John H. Greist, Indianápolis
Roy R. Grinker, Chicago
Ernest M. Gruenberg, Nova Iorque
David A. Hamburg, Palo Alto, Calif.
Herbert I. Harris, Cambridge, Mass.
Leonard E. Himler, Ann Arbor
J. Cotter Hirschberg, Topeka
Edward J. Hornick, Nova Iorque
Roger William Howell, Ann Arbor
Joseph Hughes, Filadélfia
Portia Bell Hume, Berkeley
Robert W. Hyde, Boston
Lucie Jessner, Washington, D.C.
Irene M. Josselyn, Phoenix
Marion E. Kenworthy, Nova Iorque
Edward J. Kollar, Los Angeles
Othilda Krug, Cincinnati
Lawrence S. Kubie, Sparks, Md.
Paul V. Lemkau, Baltimore
Maurice Levine, Cincinnati
David M. Levy, Nova Iorque
Robert J. Lifton, Woodbridge, Conn.
Erich Lindemann, Palo Alto, Calif.
Hyman S. Lippman, St. Paul
Reginald S. Lourie, Washington, D. C.

Alfred O. Ludwig, Boston
LeRoy M. A. Maeder, Filadélfia
Sydney G. Margolin, Denver
Helen V. McLean, Chicago
Karl Menninger, Topeka
James G. Miller, Ann Arbor
Angel N. Miranda, Hato Rey, P. R.
Rudolph G. Novick, Des Plains, Ill.
Humphry F. Osmond, Princeton, N.J.
Eveoleen N. Rexford, Cambridge, Mass.
Milton Rosenbaum, Nova Iorque
W. Donald Ross, Cincinnati
Elvin M. Semrad, Boston
William M. Shanahan, Denver
Benjamin M. Spock, Nova Iorque
Edward Stainbrook, Los Angeles
Brandt F. Steele, Denver
Rutherford B. Stevens, Nova Iorque
Lloyd J. Thompson, Chapel Hill, N.C.
Harvey J. Tompkins, Nova Iorque
Arthur F. Valenstein, Cambridge, Mass.
Helen Stochen Wagenheim, Filadélfia
Raymond W. Waggoner, Ann Arbor
Robert S. Wallerstein, São Francisco
Cecil L. Wittson, Omaha
David Wright, Providence

MEMBROS VITALÍCIOS

S. Spafford Ackerly, Louisville
Earl D. Bond, Filadélfia
John R. Rees, Londres, Inglaterra

Bruce Robinson, Culver, Ind.
Francis H. Sleeper, Augusta, Me.

FUNCIONÁRIOS
Presidente

Herbert C. Modlin
Box 829, Topeka, Kans. 66601

Vice-Presidente

John Donnelly
200 Retreat Avenue
Hartford, Conn. 06102

Secretário-Tesoureiro

Malcolm J. Farrell
Box C, Waverley, Mass. 02178

Secretário-Tesoureiro-Assistente

Paul E. Huston
500 Newton Road
Iowa City, Iowa 52241

CONSELHO DE PUBLICAÇÕES
Presidente

Milton Greenblatt
15 Ashburton Place
Boston, Mass. 02108

Maurice R. Friend
Louis A. Gottschalk
Bernard H. Hall
John Nemiah
Perry Ottenberg
Henry H. Work

135

BIBLIOGRAFIA

A BIOLOGIA DA ADOLESCÊNCIA

AUSUBEL, DAVID P.: *Theory and Problems of Adolescent Development*, Nova Iorque: Grune & Stratton, 1954.

BARTON, W. H. e E. E. HUNT, Jr.: "Somatotype and Adolescence in Boys: A Longitudinal Study", *Human Biology* 34: 254-270, Dezembro de 1962.

COHEN, Y.: *The Transition from Childhood to Adolescence*, Chicago: Aldine Publishing Company, 1964.

FRANK, L. K., e Associados: *Personality Development in Adolescent Girls*. Monografia da Society for Research in Child Development, Inc., Vol. XVI, série 53, 1951.

HALL, G. STANLEY: *Adolescence*, Nova Iorque: Appleton, 1904.

HEALD, F. P., M. DANGELA, e P. BRUNSCHUYLER: "Medical Progress — Physiology of Adolescence", *New England Journal of Medicine* 268, Jan.-Junho, 1963.

KRIMS, B. M.: "Psychiatric Observations on Children with Precocious Physical Development", *Journal of the American Academy of Child Psychiatry* I: 379-413, 1962.

MONTAGY, M. F. ASHLEY: *Adolescent Sterility*, Springfield, Ill.: Charles C. Thomas, 1946.

MORE, D. M.: *Developmental Concordance and Discordance During Puberty and Early Adolescence*. Monografia da Society for Research in Child Development, Inc., Vol. XVIII, série 56, N.º 1, 1953.

ROSENBAUM, M.: "The Role of Psychological Factors in Delayed Growth at Adolescence: A Case Report", *American Journal of Orthopsychiatry* 29: 762-771, 1959.

SHUTTLEWORTH, F. K.: *The Adolescent Period: A Graphic Atlas.* Monografia da Society for Research in Child Development, Inc., Vol. XIV, série 49, N.os 1 e 2, 1949.

TALBOT, N. B., E. H. SOBEL, J. W. McARTHUR, e J. D. GRAWFORD: *Functional Endocrinology from Birth through Adolescence*, Boston: Harvard University Press, 1952.

TANNER, J. M.: *Growth at Adolescence*, Springfield, Ill.: Charles C Thomas, 1962.

WILKINS, L.: *The Diagnosis and Treatment of Endocrine Disorders in Childhood and Adolescence*, 3.ª edição, Springfield, Ill.: Charles C Thomas, 1965.

YOUNG, W. C. (organizador): *Sex and Internal Secretion*, 3.ª edição, Baltimore: Williams & Wilkins, 1961.

CULTURA E ADOLESCÊNCIA

ARIÈS, PHILLIPPE: *Centuries of Childhood, A Social History of Family Life*, Nova Iorque: Vintage Books, 1965.

BENEDICT, RUTH: *Patterns of Culture*, Boston: Houghton Mifflin, 1934, pp. 130-172.

————: "Sex in Primitive Society", *American Journal of Orthopsychiatry*, 9 (1939), 570-574.

COHEN, Y.: *The Transition from Childhood to Adolescence*, Chicago: Aldine Publishing Company, 1964.

GRUPO PARA O ADIANTAMENTO DA PSIQUIATRIA, Comitê sôbre Estudantes de Curso Superior: *Sex and the College Student*, Nova Iorque: Atheneum, 1966.

HANDY, E. S. C.: "Native Culture of the Marquesas", *Bulletin of the Bishop Museum*, Honolulu, 9 (1923), 36-40.

HARING, DOUGLAS G. (Organizador): *Personal Character and Cultural Milieu*, Syracuse University Press, 1956.

HENRY, JULES: *Culture Against Man*, Nova Iorque: Random House, 1963.

HILL, W. W.: "Note on the Pima Berdache", *American Anthropologist* 40 (1938), 338-340.

KAPLAN, BERT (organizador): *Studying Personality Cross--Culturally*, Evanston, Ill.: Row, Peterson, 1961.

LA BARRE, WESTON: *The Human Animal*, University of Chicago Press (Phoenix Books), 1954.

LINTON, RALPH: *The Study of Man*, Nova Iorque-Appleton--Century, 1936, p. 480.

LOWIE, ROBERT H.: *Primitive Religion*, Nova Iorque: Boni & Liveright, 1924, pp. 181, 217, 243 e seguintes.

MACOBY, ELEANOR E. (organizador): *The Development of Sex Differences*, University of Stanford Press, 1966.

MEAD, MARGARET: "Contraste and Comparisons from Primitive Society", em B. J. Stern (organizador), *The Family Past and Present*, Nova Iorque: Appleton Century, pp. 3-13.

TAYLOR, G. RATTRAY: *Sex in History*, Nova Iorque: Vanguard, 1954.

WESTERMARCK, EDWARD: *The History of Human Marriage*, 3 vols., Londres: Macmillan, 1925, iii, 133-141, 198-206.

PSICOLOGIA DA ADOLESCÊNCIA E DINÂMICA DAS RESPOSTAS ADULTAS À ADOLESCÊNCIA

ADATTO, C. P.: "Ego Reintegration Observed in Analysis of Late Adolescents", *International Journal of Psychoanalysis*, Vol. XXXIX, 1958; p. 172.

AICHHORN, A.: *Wayward Youth*, Nova Iorque: Viking, 1948.

BERNFELD, S.: "Types of Adolescence", *Psychoanalytic Quarterly*, Vol. VII, 1938; p. 243.

BLOS, P.: "The Contribution of Psychoanalysis to the Treatment of Adolescents", em *Psychoanalysis and Social Work*. (M. Heiman, organizador), Nova Iorque: International Universities Press, 1953.

———: "Preadolescent Drive Organization", *Journal of the American Psychoanalytic Association*, Vol. VI, 1958; p. 47.

———: *On Adolescence, A Psychoanalytic Interpretation*, Nova Iorque: The Free Press of Glencoe, 1962.

BORNSTEIN, B.: "Masturbation in the Latency Period", *Psychoanalytic Study of the Child*, Vol. VI, Nova Iorque: International Universities Press, 1951.

———: "On Latency", *Psychoanalytic Study of the Child*. Vol. VIII, Nova Iorque: International Universities Press, 1953.

BRUCH, H.: "Psychological Aspects of Obesity in Adolescence," *American Journal of Public Health*, Vol. 48, 1958; pp. 1349-1353.

DEUTSCH, H.: *The Psychology of Women*. L., Nova Iorque: Grune & Stratton, 1944.

ERIKSON, E. H.: "The Problems of Ego Identity", *Journal of the American Psychoanalytic Association*, Vol. 4, pp. 56-121, 1956.

———: *Childhood and Society*. Nova Iorque: Norton, 1950, 2.ª ed., Norton, brochura, 1963.

———: "Identity and the Life Cycle", *Psychological Issues*, Vol. I, N.º I, Nova Iorque: International Universities Press, 1959.

FRAIBERG, S.: "Some Considerations in the Introduction to Therapy in Puberty", *Psychoanalytic Study of the Child*, Vol. X, p. 264, 1955.

FREUD, A.: "Adolescence", *Psychoanalytic Study of the Child*, Vol. XIII, Nova Iorque: International Universities Press, 1958.

———: *The Ego and the Mechanisms of Defense*, Nova Iorque: International Universities Press, 1946.

———: *Normality and Pathology in Childhood Development*, Nova Iorque: International Universities Press, 1965.

FREUD, S.: *The Ego and the Id.*, edição comum, Vol. XIX. Londres: Hogarth Press, 1961.

——: *Three Essays on the Theory of Sexuality*, edição comum, Vol. VII, Londres: Hogarth Press, 1953.

——: *The Passing of the Oedipus-Complex*, Obras completas, Vol. II, Londres: Hogarth Press, 1949.

GARDNER, G. E.: "Psychiatric Problems of Adolescence", em *American Handbook of Psychiatry*, (S. Arieti, Organizador), Nova Iorque: Basic Books, 1959.

GELEERD, E. R.: "Some Aspects of Ego Vicissitudes in Adolescence", *Journal of the American Psychoanalytic Association*, Vol. 9, 1961; pp. 394-405.

GITELSON, M.: "Character Synthesis: The Psychotherapeutic Problem of Adolescence", *American Journal of Orthopsychiatry*, Vol. 18, 1948; pp. 422-431.

GREENACRE, P.: "The Prepuberty Trauma in Girls", em *Trauma, Growth and Personality*, Nova Iorque: Norton, 1952.

GRUPO PARA O ADIANTAMENTO DA PSIQUIATRIA, Comitê sôbre Estudantes de Curso Superior: *Sex and the College Student*, Nova Iorque: Atheneum, 1966.

HALL, G. STANLEY: *Adolescence*, Nova Iorque: Appleton, 1904.

HARTMANN, H.: "Ego Psychology and the Problem of Adaptation", Nova Iorque: International Universities Press, 1959.

INHELDER, B., e J. PIAGET: *The Growth of Logical Thinking*, Nova Iorque: Basic Books, 1958.

JACOBZINER, H.: "Attempted Suicides in Adolescence", *Journal of the American Medical Association*, 191 (I), 1965; pp. 101-105.

JONES, E.: "Some Problems of Adolescence", *Papers on Psychoanalysis*, 5.ª edição, Londres: Bailliere, Tindall, & Cox, 1949; p. 389.

JOSSELYN, I. M.: *The Adolescent and His World*, Nova Iorque: Family Service Association of America, 1952.

——: "The Ego in Adolescence", *American Journal of Orthopsychiatry*, Vol. XXIV, 1954.

LAMPL-DE GROOT, J.: "On Masturbation and Its Influence on General Development", Vol. V., *Psychoanalytic Study of the Child*, 1950; p. 153.

MICHAELS, J. J.: "Character Disorders and Acting Upon Impulse", em: *Readings in Psychoanalytic Psychology*, (M. Levitt, Organizador), Nova Iorque: Appleton-Century-Crofts, 1958.

PEARSON, G. J. J.: *Adolescence and the Conflict of Generations*, Nova Iorque: Norton, 1958.

PIAGET, J.: *The Growth of Logical Thinking from Childhood to Adolescence*, Nova Iorque: Basic Books, 1958.

SCIENTIFIC PROCEEDINGS: Relatórios de amostra. "The Psychology of Adolescence", *Journal of the American Psychoanalytic Association*, Vol. 6, pp. 111-120.

SHAPIRO, R. L.: "Adolescence and the Psychology of the Ego", *Psychiatry* 26: 77-87, 1963.

SOLNIT, A. J.: "The Vicissitydes of Ego Development in Adolescence", relatório de amostra, *Journal of the American Psychoanalytic Association*, Vol. VII, 1959.

SPIEGEL, L. A.: "A Review of Contributions to a Psychoanalytic Theory of Adolescence", *Psychoanalytic Study of the Child*, Vol. VI, p. 375.

——: "Comments on the Psychoanalytic Psychology of Adolescence", *Psychoanalytic Study of the Child*, Vol. XIII, p. 296.

WITTELS, F.: "The Ego of Adolescents", em: *Searchlights on Delinquency* (K. R. Eissler, organizador), Nova Iorque: International Universities Press, 1949.

Leia também
PSICOLOGIA
UMA INTRODUÇÃO AOS PRINCÍPIOS FUNDAMENTAIS DO COMPORTAMENTO

Charles W. Telford e James M. Sawrey

O subtítulo deste livro define-lhe bem a natureza, o enfoque, os objetivos e a utilidade. Trata-se de um manual hoje amplamente adotado em todas as áreas do ensino superior em que a Psicologia é matéria curricular. Segundo esclarecem no prefácio seus autores, docentes de Psicologia do San José College, E.U.A., procuraram eles apresentar aqui "os métodos da investigação psicológica, examinar os conceitos básicos da Psicologia e proporcionar um plano conceptual para a melhor compreensão do comportamento humano". Tal apresentação, atenta à finalidade didática da obra, timbrou em manter o equilíbrio entre os aspectos biológicos e sociais da matéria, de modo a oferecer "uma introdução equilibrada e eclética à Psicologia" que abrange toda a área da Psicologia Geral: suas origens históricas, conceituação e métodos; o desenvolvimento do indivíduo; as bases biológicas do comportamento humano; os processos sensoriais; o atentar e o perceber; teoria e processo da aprendizagem; a retenção e o esquecimento; o raciocínio; medição e estatística; a inteligência e sua medição; processos básicos e complexos da motivação; emoção e ajustamento; a personalidade e o caráter; os processos sociais.

Pela sua objetividade, clareza didática e atualidade de informação, este livro é o melhor dos instrumentos de trabalho nos cursos introdutórios de Psicologia em nível superior.

EDITORA CULTRIX

SISTEMAS E TEORIAS EM PSICOLOGIA

Marx e Hillix

Ao escrever este livro, seus autores, que são docentes de Psicologia das universidades de Missouri e San Diego (E.U.A.), tiveram por objetivo "proporcionar uma fonte única que contenha toda a informação básica sobre a psicologia sistemática e teórica que qualquer estudante de Psicologia deve possuir". Nesse sentido, SISTEMAS E TEORIAS EM PSICOLOGIA se constitui num completo e valioso instrumento de trabalho tanto para os estudantes que cursam uma faculdade ou instituto de Psicologia quanto aos que iniciam sua pós-graduação. Na primeira parte do volume, é apresentada uma visão geral da Psicologia como ciência, discutindo-se ainda natureza e tendências dos sistemas e teorias. A segunda parte está dedicada ao estudo dos grandes sistemas: associacionismo, estruturalismo, funcionalismo, behaviorismo, psicologia da gestalt e psicanálise. Teorias contemporâneas é o tema da terceira parte, que focaliza as variedades da teoria E-R, da teoria do campo e da teoria da personalidade. Completam o volume um epílogo, que discute a Psicologia como ciência e como profissão, e um apêndice, onde é passado em revista o desenvolvimento da Psicologia na Europa, Austrália, e Canadá, na União Soviética, no Extremo Oriente e nas nações em desenvolvimento da América Latina, da África e do Oriente Médio.

EDITORA CULTRIX

FREUD E A ALMA HUMANA

Bruno Bettelheim

O mundialmente conhecido psicanalista e psicólogo Bruno Bettelheim oferece-nos neste livro uma leitura sem precedentes de Freud e uma estimulante visão sobre os verdadeiros usos da psicanálise. Ele demonstra que as traduções inglesas da obra de Freud não só distorcem alguns dos conceitos centrais da psicanálise, mas ainda impossibilitam o leitor de reconhecer que a preocupação principal de Freud era a alma humana, o que ela é e como se manifesta em tudo o que fazemos ou sonhamos. E prova como essas traduções, escondendo muito do humanismo essencial à obra de Freud, levaram a um trágico mal-entendido e a um mau uso generalizado da psicanálise, principalmente nos Estados Unidos.

Lembrando que Freud analisou os seus próprios sonhos e os seus próprios *lapsus linguae,* o Dr. Bettelheim torna claro que Freud criou a psicanálise não tanto como um método de analisar o comportamento dos outros, mas como um meio de cada um de nós conquistar o acesso ao seu próprio inconsciente e, quando possível, controlá-lo — objetivo dificultado pelas traduções inglesas, nas quais Freud se torna impessoal, esotérico, abstrato, "científico", desencorajando o leitor de empreender sua própria viagem de autodescoberta e distanciando-o do que Freud pensou ensinar a respeito da vida interior do homem.

Este livro deve ser lido urgentemente por todos os que se interessam pela psicanálise e por todos os que anseiam por uma abordagem humanística à psicologia, tão central em Freud e tão irreconhecível nas traduções inglesas da sua obra. *Freud e a alma humana* terá, sem dúvida, um lugar de destaque entre as obras, já clássicas, de Bruno Bettelheim.

EDITORA CULTRIX